pecodici**pratici**

AF363289

Codice della Nautica da Diporto

Aggiornato con le modifiche apportate dalla L. 17 maggio 2022, n. 60, D.L. 16 giugno 2022, n. 68, convertito, con modificazioni, dalla L. 5 agosto 2022, n. 108 e dal D.L. 23 settembre 2022, n. 144, convertito, con modificazioni, dalla L. 17 novembre 2022, n. 175

pe
Primiceri
editore
PADOVA

2023 Tutti i diritti riservati.
Finito di stampare nel mese di dicembre 2023
presso Rotomail Italia Spa – Vignate (MI)
per conto di Primiceri Editore Srls
Via Savonarola 217, 35137 Padova
Terza Edizione
ISBN 978-88-3300-338-2
www.primicerieditore.com

DECRETO LEGISLATIVO 18 luglio 2005, n.171

Codice della nautica da diporto ed attuazione della direttiva 2003/44/CE, a norma dell'articolo 6 della legge 8 luglio 2003, n. 172.
(GU n. 202 del 31-8-2005- Suppl. Ordinario n.148)

IL PRESIDENTE DELLA REPUBBLICA

Visti gli articoli 76 e 87 della Costituzione;

Vista la legge 31 ottobre 2003, n. 306, recante «Disposizioni per l'adempimento di obblighi derivanti dall'appartenenza dell'Italia alle Comunità europee. Legge comunitaria 2003», ed in particolare l'articolo 1 e l'allegato B;

Vista la direttiva 2003/44/CE del Parlamento europeo e del Consiglio, del 16 giugno 2003, che modifica la direttiva 94/25/CE sul ravvicinamento delle disposizioni legislative, regolamentari ed amministrative degli Stati membri riguardanti le imbarcazioni da diporto;

Vista la legge 11 febbraio 1971, n. 50, e successive modificazioni, recante norme sulla navigazione da diporto;

Visto il decreto legislativo 14 agosto 1996, n. 436, recante attuazione della direttiva 94/25/CE in materia di progettazione, costruzione e immissione in commercio di unita' da diporto;

Visto il decreto legislativo 11 giugno 1997, n. 205, recante disposizioni integrative e correttive del decreto legislativo 14 agosto 1996, n. 436;

Visto il decreto del Presidente della Repubblica 9 ottobre 1997, n. 431, recante regolamento sulla disciplina delle patenti nautiche;

Vista la legge 8 luglio 2003, n. 172, e successive modificazioni, recante disposizioni per il riordino e il rilancio della nautica, ed in particolare l'articolo 6, recante delega al Governo per l'emanazione del codice delle disposizioni legislative sulla nautica da diporto;

Viste le preliminari deliberazioni del Consiglio dei Ministri, adottate nelle riunioni del 15 ottobre 2004 e del 20 maggio 2005;

Acquisito il parere della Conferenza unificata di cui all'articolo 8 del decreto legislativo 28 agosto 1997, n. 281, espresso nella seduta del 3 marzo 2005;

Acquisiti i pareri delle competenti Commissioni della Camera dei deputati e del Senato della Repubblica;

Vista la deliberazione del Consiglio dei Ministri, adottata nella riunione del 1° luglio 2005;

Sulla proposta del Ministro delle infrastrutture e dei trasporti e del Ministro delle politiche comunitarie, di concerto con i Ministri degli affari esteri, dell'economia e delle finanze, della salute, delle comunicazioni, per la funzione pubblica, della giustizia, dell'istruzione, dell'università e della ricerca e delle attività produttive;

Emana

il seguente decreto legislativo

Titolo I
REGIME DELLA NAVIGAZIONE DA DIPORTO

Capo I
Disposizioni generali

Art. 1.
Finalità e ambito di applicazione

1. Le disposizioni del presente codice si applicano alla navigazione da diporto esercitata, per fini esclusivamente lusori o anche commerciali, mediante le unità di cui all'articolo 3 del presente codice, nonché alle navi di cui all'articolo 3 della legge 8 luglio 2003, n. 172.[1]

1-bis. Le disposizioni del presente codice si applicano alle unità di cui all'articolo 3 che navigano in acque marittime e interne, fermo restando quanto previsto dall'articolo 3 della legge 8 luglio 2003, n. 172, e dal decreto-legge 30 dicembre 1997, n. 457, convertito, con modificazioni, dalla legge 27 febbraio 1998, n. 30.[2]

2. Ai fini del presente codice si intende per navigazione da diporto quella effettuata in acque marittime ed interne a scopi sportivi o ricreativi e senza fine di lucro, nonché quella esercitata a scopi commerciali, anche mediante le navi di cui all'articolo 3 della legge 8 luglio 2003, n. 172, ferma restando la disciplina ivi prevista.

3. Per quanto non previsto dal presente codice, in materia di navigazione da diporto si applicano le leggi, i regolamenti e gli usi di riferimento ovvero, in mancanza, le disposizioni del codice della navigazione, approvato con regio decreto 30 marzo 1942, n. 327, e le relative norme attuative. Ai fini dell'applicazione delle norme del codice della navigazione, le imbarcazioni da diporto sono equiparate alle navi ed ai galleggianti di stazza lorda non superiore alle dieci tonnellate, se a propulsione meccanica, ed alle venticinque tonnellate, in ogni altro caso, anche se l'imbarcazione supera detta stazza, fino al limite di ventiquattro metri.

---

[1] Il presente comma è stato così sostituito dall'art. 1, comma 1, lett. a), D. Lgs. 3 novembre 2017, n. 229.

[2] Comma inserito dall'art. 1, comma 1, lett. b), D. Lgs. 3 novembre 2017, n. 229.

Art. 2.
Unità da diporto utilizzata a fini commerciali[3]

1. L'unità da diporto è utilizzata a fini commerciali quando:

a) è oggetto di contratti di locazione e di noleggio;

b) è utilizzata per l'insegnamento professionale della navigazione da diporto;

c) è utilizzata da centri di immersione e di addestramento subacqueo come unità di appoggio per i praticanti immersioni subacquee a scopo sportivo o ricreativo;

c-bis) è utilizzata per assistenza all'ormeggio delle unità di cui all'articolo 3 nell'ambito delle strutture dedicate alla nautica da diporto;[4]

c-ter) è utilizzata per l'attività di assistenza e di traino delle unità di cui all'articolo 3[5];

c-quarter) è utilizzata, nel rispetto della normativa europea, nazionale e regionale di settore, per l'esercizio di attività in forma itinerante di somministrazione di cibo e di bevande e di commercio al dettaglio[6].

2. L'utilizzazione a fini commerciali delle imbarcazioni e navi da diporto è annotata nell'Archivio telematico centrale delle unità da diporto (ATCN), con l'indicazione delle attività svolte e dei proprietari o armatori delle unità, imprese individuali o società, esercenti le suddette attività commerciali e degli estremi della loro iscrizione, nel registro delle imprese della competente camera di commercio, industria, artigianato ed agricoltura. Gli estremi dell'annotazione sono riportati sulla licenza di navigazione.[7]

2-bis. Nel caso di natanti l'utilizzazione a fini commerciali è annotata secondo le modalità indicate nel regolamento di attuazione del presente codice.[8]

3. Qualora le attività di cui al comma 1 siano svolte stabilmente in Italia con unità da diporto battenti bandiera di uno dei Paesi dell'Unione europea o di un Paese terzo[9], l'esercente presenta allo Sportello telematico del diportista (STED) una dichiarazione contenente le caratteristiche dell'unità, il titolo che attribuisce la disponibilità della stessa, nonché gli estremi della polizza assicurativa a garanzia delle persone imbarcate e di responsabilità civile verso terzi e della certificazione di sicurezza in possesso. Copia della dichiarazione, validata dall'Ufficio di conservatoria centrale delle unità da

---

[3] Rubrica così sostituita dall'art. 2, comma 1, lett. a), D. Lgs. 3 novembre 2017, n. 229.

[4] Lettera aggiunta dall'art. 2, comma 1, lett. b), D. Lgs. 3 novembre 2017, n. 229.

[5] Lettera aggiunta dall'art. 2, comma 1, lett. b), D. Lgs. 3 novembre 2017, n. 229.

[6] Aggiunto dal Decreto Legislativo 12 novembre 2020, n. 160.

[7] Comma così modificato dall'art. 2, comma 1, lett. c), D. Lgs. 3 novembre 2017, n. 229.

[8] Comma inserito dall'art. 2, comma 1, lett. d), D. Lgs. 3 novembre 2017, n. 229.

[9] Così modificato dal Decreto Legislativo 12 novembre 2020, n. 160.

diporto (UCON) per il tramite dello Sportello telematico del diportista (STED), deve essere mantenuta a bordo.[10]

4. Le unità da diporto di cui al comma 1, lettera a), possono essere utilizzate esclusivamente per le attività a cui sono adibite.

Art. 2-bis
Nautica sociale[11]

1. Ai fini del presente codice si intende per nautica sociale:

a) la navigazione da diporto effettuata in acque marittime o interne per fini esclusivamente sportivi o ricreativi e senza scopo di lucro, mediante natanti da diporto con qualsiasi propulsione e con scafo di lunghezza fino a sei metri, misurata secondo la norma armonizzata UNI/EN/ISO/8666;

b) il complesso delle attività finalizzate a diffondere la conoscenza e la pratica della nautica da diporto a favore degli studenti degli istituti scolastici di ogni ordine e grado di età non inferiore a nove anni, oppure, anche a scopo di ausilio terapeutico, a favore delle persone con disabilità di cui all'articolo 3, comma 1, della legge 5 febbraio 1992, n. 104, o con disturbi psicologici, dell'apprendimento o della personalità.

2. Con il regolamento di attuazione del presente codice è stabilita la disciplina della nautica sociale e le eventuali facilitazioni per l'ormeggio delle unità da diporto in transito e per la fornitura dei servizi in banchina.

Art. 3.
Definizioni[12]

1. Le costruzioni destinate alla navigazione da diporto sono denominate:

a) unità da diporto: si intende ogni costruzione di qualunque tipo e con qualunque mezzo di propulsione destinata alla navigazione da diporto;

b) unità utilizzata a fini commerciali - commercial yacht: si intende ogni unità di cui all'articolo 2 del presente codice, nonché le navi di cui all'articolo 3 della legge 8 luglio 2003, n. 172;

c) nave da diporto maggiore: si intende ogni unità con scafo di lunghezza superiore a ventiquattro metri, misurata secondo la norma armonizzata UNI/EN/ISO/8666, e di stazza superiore alle 500 gross tonnage, di seguito GT, ovvero a 600 tonnellate di stazza lorda, di seguito TSL;

d) nave da diporto minore: si intende ogni unità con scafo di lunghezza superiore a ventiquattro metri, misurata secondo la norma armonizzata UNI/EN/ISO/8666, e di stazza fino a 500 GT ovvero a 600 TSL, escluse le unità di cui alla lettera e);

---

[10] Comma così modificato dall'art. 2, comma 1, lett. e), D. Lgs. 3 novembre 2017, n. 229.
[11] Aggiunto dal Decreto Legislativo 12 novembre 2020, n. 160.
[12] Articolo così sostituito dall'art. 3, comma 1, D. Lgs. 3 novembre 2017, n. 229.

e) nave da diporto minore storica: si intende ogni unità con scafo di lunghezza superiore a ventiquattro metri, misurata secondo la norma armonizzata UNI/EN/ ISO/8666, e di stazza fino a 120 GT ovvero fino a[13] 100 TSL, costruita in data anteriore al 1° gennaio 1967;

f) imbarcazione da diporto: si intende ogni unità con scafo di lunghezza superiore a dieci metri e fino a ventiquattro metri, misurata secondo la norma armonizzata UNI/EN/ISO/8666;

g) natante da diporto: si intende ogni unità a remi ovvero con scafo di lunghezza pari o inferiore a dieci metri, misurata secondo la norma armonizzata di cui alla lettera c), con esclusione delle moto d'acqua;

h) moto d'acqua: si intende ogni unità da diporto con lunghezza dello scafo inferiore a quattro metri, che utilizza un motore di propulsione con una pompa a getto d'acqua come fonte primaria di propulsione e destinata a essere azionata da una o più persone sedute, in piedi o inginocchiate sullo scafo, anziché al suo interno;

h-bis) unità da diporto a controllo remoto: unità da diporto a comando remoto priva a bordo di personale adibito al comando[14].

Capo II
Progettazione, costruzione e immissione in commercio di unità da diporto

Art. 4.
Ambito di applicazione
[1. Le disposizioni del presente capo si applicano:

a) per quanto riguarda la progettazione e la costruzione, a:

1) unità da diporto, anche parzialmente completate, con scafo di lunghezza compresa tra duevirgolacinque e ventiquattro metri;

2) moto d'acqua, come definite dall'articolo 5;

3) componenti di cui all'allegato I, quando sono immessi sul mercato comunitario separatamente e sono destinati ad essere installati;

b) per quanto riguarda le emissioni di gas di scarico, a:

1) motori di propulsione che sono installati o specificamente destinati ad essere installati su o in unità da diporto e moto d'acqua;

2) motori di propulsione installati su o in tali unità oggetto di una modifica rilevante del motore;

c) per quanto riguarda le emissioni acustiche, a:

1) unità da diporto con motore di propulsione entrobordo o entrobordo con comando a poppa senza scarico integrato;

---

[13] Così modificato dal Decreto Legislativo 12 novembre 2020, n. 160.
[14] Aggiunto dal Decreto Legislativo 12 novembre 2020, n. 160.

2) unità da diporto con motore di propulsione entrobordo o entrobordo con comando a poppa senza scarico integrato oggetto di una trasformazione rilevante dell'unità e successivamente immesse sul mercato comunitario entro i cinque anni successivi alla trasformazione;
3) moto d'acqua;
4) motori fuoribordo e entrobordo con comando a poppa con scarico integrato destinati ad essere installati su unità da diporto.
2. Le disposizioni del presente capo non si applicano a:
a) per quanto riguarda il comma 1, lettera a):
1) unità destinate unicamente alle regate, comprese le unità a remi e le unità per l'addestramento al canottaggio, e identificate in tal senso dal costruttore;
2) canoe e kayak, gondole e pedalò;
3) tavole a vela;
4) tavole da surf, comprese le tavole a motore;
5) originali e singole riproduzioni di unità storiche, progettate prima dell'anno 1950, ricostruite principalmente con i materiali originali e identificate in tale senso dal costruttore;
6) unità sperimentali, sempre che non vi sia una successiva immissione sul mercato comunitario;
7) unità realizzate per uso personale, sempre che non vi sia una successiva immissione sul mercato comunitario durante un periodo di cinque anni;
8) unità specificamente destinate ad essere dotate di equipaggio ed a trasportare passeggeri a fini commerciali, salvo le unità da diporto utilizzate per noleggio o per l'insegnamento della navigazione da diporto, in particolare quelle definite nella direttiva 82/714/CEE del Consiglio, del 4 ottobre 1982, che fissa i requisiti tecnici per le navi della navigazione interna, indipendentemente dal numero di passeggeri;
9) sommergibili;
10) veicoli a cuscino d'aria;
11) aliscafi;
12) unità a vapore a combustione esterna, alimentate a carbone, coke, legna, petrolio o gas;
b) per quanto riguarda il comma 1, lettera b):
1) motori di propulsione installati, o specificamente destinati ad essere installati, su: unità destinate unicamente alle regate e identifiche in tale senso dal costruttore, unità sperimentali, sempre che non vi sia una successiva immissione sul mercato comunitario, unità specificamente destinate ad essere dotate di equipaggio e a trasportare passeggeri a fini commerciali, salvo le unità da diporto utilizzate per noleggio o per l'insegnamento della navigazione da diporto, in particolare quelle definite nella citata direttiva 82/714/CEE, indipendentemente dal numero di passeggeri, sommergibili, veicoli a cuscino d'aria e aliscafi;

2) originali e singole riproduzioni di motori di propulsione storici, basati su un progetto anteriore all'anno 1950, non prodotti in serie e montati sulle unità di cui al comma 2, lettera a), numeri 5) e 7);

3) motori di propulsione costruiti per uso personale, sempre che non vi sia una successiva immissione sul mercato comunitario durante un periodo di cinque anni;

c) per quanto riguarda il comma 1, lettera c), a tutte le unità di cui alla lettera b) del presente comma, le unità costruite per uso personale, sempre che non vi sia una successiva immissione sul mercato comunitario durante un periodo di cinque anni.

3. Le disposizioni del presente capo si applicano alle moto d'acqua e alle emissioni di gas di scarico ed acustiche di cui al comma 1, a decorrere dalla prima immissione sul mercato o messa in servizio successiva alla data di entrata in vigore del presente codice.

4. Le disposizioni del presente capo si applicano anche alle unità da diporto utilizzate per noleggio, locazione, insegnamento della navigazione da diporto o come unità appoggio per le immersioni subacquee, purché immesse sul mercato per finalità di diporto.]

Art. 5.
Definizioni

[1. Ai fini del presente capo, si intende per:

a) unità da diporto parzialmente completata: una unità costituita dallo scafo e da uno o più altri componenti;

b) moto d'acqua: un natante da diporto di lunghezza inferiore a quattro metri, che utilizza un motore a combustione interna con una pompa a getto d'acqua come fonte primaria di propulsione e destinato ad essere azionato da una o più persone non collocate al suo interno;

c) motore di propulsione: qualsiasi motore a combustione interna, ad accensione a scintilla o per compressione, utilizzato a fini di propulsione, compresi i motori a due tempi e a quattro tempi entrobordo, i motori entrobordo con comando a poppa con o senza scarico integrato e i motori fuoribordo;

d) modifica rilevante del motore: la modifica di un motore:

1) che possa aver per effetto il superamento dei limiti di emissione del motore stabiliti nell'allegato II, paragrafo B; le sostituzioni ordinarie di componenti del motore che non alterano le caratteristiche di emissione non sono considerate una modifica rilevante del motore;

2) che determina un aumento superiore al quindici per cento della potenza nominale del motore;

e) trasformazione rilevante dell'unità: la trasformazione di un'unità che:

1) modifica il mezzo di propulsione dell'unità;

2) comporta una modifica rilevante del motore;

3) altera l'unità in misura tale che essa possa considerarsi una diversa unità;

f) mezzo di propulsione: il meccanismo mediante il quale l'unità è mossa in particolare eliche o sistemi di propulsione meccanica a getto d'acqua;

g) famiglia di motori: il raggruppamento, effettuato dal costruttore, di motori che, per la loro progettazione, presentano caratteristiche di emissione di gas di scarico simili e che sono conformi ai requisiti relativi alle emissioni di gas di scarico stabiliti dal presente capo;

h) costruttore: persona fisica o giuridica che progetta e costruisce un prodotto cui si applica il presente capo o che fa progettare o costruire tale prodotto con l'intenzione di immetterlo sul mercato per proprio conto;

i) mandatario: persona fisica o giuridica stabilita nel territorio dell'Unione europea, destinatario di un mandato scritto del costruttore di agire a suo nome per quanto riguarda gli obblighi impostigli dal presente capo.]

Art. 6.
Requisiti essenziali di sicurezza

[1. I prodotti di cui all'articolo 4, comma 1, devono essere conformi ai requisiti essenziali in materia di sicurezza, salute, protezione dell'ambiente e dei consumatori indicati nell'allegato II.

2. I motori entrobordo e i fuoribordo a doppia alimentazione, a benzina ed a gas di petrolio liquido, devono essere conformi ai requisiti stabiliti, in aderenza alla normativa comunitaria, con decreto del Ministro delle infrastrutture e dei trasporti.

3. La marcatura CE di cui all'articolo 8 attesta la conformità dei prodotti di cui all'articolo 4, comma 1, ai requisiti indicati al comma 1, salvo quanto previsto dall'articolo 12.

4. I prodotti di cui all'articolo 4, comma 1, si presumono conformi ai requisiti indicati dal comma 1 qualora soddisfino le pertinenti norme nazionali adottate in applicazione delle norme armonizzate pubblicate nella Gazzetta Ufficiale dell'Unione europea.]

Art. 7.
Immissione in commercio e messa in servizio

[1. Possono essere immessi in commercio e messi in servizio per uso conforme alla loro destinazione i prodotti di cui all'articolo 4, comma 1, che soddisfano i requisiti di sicurezza indicati all'articolo 6 e che recano la marcatura CE di cui all'articolo 8.

2. Possono, inoltre, essere immessi in commercio e messi in uso i motori entrobordo e fuoribordo quattro tempi a doppia alimentazione, a benzina ed a gas di petrolio liquido, derivati da motori aventi le specifiche CE.

3. Possono essere immesse in commercio le unità da diporto parzialmente completate che soddisfino i requisiti indicati all'articolo 6, destinate, per la dichiarazione del costruttore o del suo mandatario stabilito nell'Unione europea o della persona responsabile dell'immissione sul mercato, ad essere completate da altri.

4. La dichiarazione di cui al comma 3 contiene i seguenti elementi:

a) nome e indirizzo del costruttore;

b) nome e indirizzo del mandatario del costruttore stabilito nel territorio comunitario o della persona responsabile dell'immissione sul mercato;

c) descrizione dell'unità da diporto parzialmente completata;

d) dichiarazione attestante che l'unità da diporto è destinata ad essere completata da altri e che essa è conforme ai requisiti essenziali previsti, in questa fase di costruzione, dall'allegato II.

5. Possono essere immessi in commercio e messi in servizio i componenti di cui all'articolo 4, comma 1, recanti la marcatura CE di cui all'articolo 8, accompagnati da una dichiarazione di conformità, di cui all'allegato VIII, che sono destinati ad essere incorporati nelle unità da diporto, conformemente alla dichiarazione del costruttore o del suo mandatario nel territorio comunitario, ovvero, in caso di importazione da un Paese terzo, di colui che immette i componenti sul mercato comunitario.

6. La dichiarazione di cui al comma 5 contiene i seguenti elementi:

a) nome e indirizzo del costruttore;

b) nome e indirizzo del mandatario del costruttore stabilito nel territorio comunitario o della persona responsabile dell'immissione sul mercato;

c) descrizione dei componenti;

d) dichiarazione attestante che i componenti sono conformi ai pertinenti requisiti essenziali di cui all'allegato II.

7. Possono essere immessi in commercio o messi in servizio i motori di propulsione entrobordo e entrobordo con comando a poppa senza scarico integrato, i motori omologati a norma del provvedimento di recepimento della direttiva 97/68/CE, del Parlamento europeo e del Consiglio, del 16 dicembre 1997, conformi alla fase II di cui al punto 4.2.3 dell'allegato I della medesima, nonché i motori omologati a norma della direttiva 88/77/CE, del Consiglio, del 3 dicembre 1987, se il costruttore o il suo mandatario stabilito nell'Unione europea dichiara, ai sensi dell'allegato VIII, punto 3, che il motore soddisfa i requisiti relativi alle emissioni di gas di scarico stabiliti dal presente capo, quando sia installato in un'unità da diporto o in una moto d'acqua secondo le istruzioni fornite dal costruttore.

8. In occasione di fiere, mostre e dimostrazioni, possono essere presentati i prodotti di cui all'articolo 4, comma 1, anche se non conformi alle disposizioni del presente capo, purché sia indicato espressamente e in modo

visibile che detti prodotti non possono essere immessi in commercio o messi in servizio finché non siano resi conformi.]

Art. 8.
Marcatura CE di conformità

[1. Quando sono immessi sul mercato, i seguenti prodotti devono recare la marcatura CE di conformità apposta da un organismo di uno Stato membro dell'Unione europea, secondo le modalità di cui all'allegato III;
a) unità da diporto, moto d'acqua e componenti di cui all'allegato I, considerati conformi ai corrispondenti requisiti essenziali di cui all'allegato II;
b) motori fuoribordo considerati conformi ai requisiti essenziali di cui all'allegato II, paragrafi B e C;
c) motori entrobordo con comando a poppa con scarico integrato considerati conformi ai requisiti essenziali di cui all'allegato II, paragrafi B e C.
2. La marcatura CE di conformità, come indicato nell'allegato III, deve essere apposta in modo visibile, leggibile e indelebile sulle unità da diporto e sulle moto d'acqua di cui al punto 2.2 dell'allegato II, paragrafo A, sui componenti di cui all'allegato I o sul loro imballaggio e sui motori fuoribordo ed entrobordo con comando a poppa con scarico integrato di cui al punto 1.1 dell'allegato II, paragrafo B. La marcatura CE deve essere corredata dal numero di identificazione dell'organismo responsabile dell'attuazione delle procedure di cui agli allegati X, XI, XII, XIII e XIV.
3. E' vietato apporre marchi o iscrizioni sui prodotti contemplati dal presente capo che possano indurre in errore i terzi circa il significato o la forma della marcatura CE. Sui prodotti contemplati nel presente capo o sul loro imballaggio può essere apposto ogni altro marchio, purché questo non limiti la visibilità e la leggibilità della marcatura CE.
4. Qualora i prodotti oggetto del presente capo siano disciplinati da altre direttive relative ad aspetti diversi e che prevedano l'apposizione della marcatura CE, quest'ultima indica che gli stessi si presumono conformi anche alle disposizioni di tali direttive. La marcatura CE indica che il prodotto è conforme alle direttive applicabili o alle pertinenti parti delle stesse. In tale caso i riferimenti alle suddette direttive applicate dal costruttore, quali pubblicate nella Gazzetta Ufficiale dell'Unione europea, devono essere riportati nei documenti, nelle dichiarazioni di conformità o istruzioni per l'uso che, in base a queste direttive, accompagnano tali prodotti.

Art. 9.
Valutazione della conformità

[1. Prima di immettere sul mercato o mettere in servizio i prodotti di cui all'articolo 4, comma 1, il costruttore o il suo mandatario stabilito nell'Unione europea espletano le procedure di cui ai commi 2, 3 e 4. Per le unità da diporto, in caso di valutazione della conformità successiva alla costruzione, se né il costruttore né il mandatario stabilito nella Comunità assumono la responsabilità per la conformità del prodotto al presente capo, questa può essere assunta da una persona fisica o giuridica stabilita nella Comunità che immette il prodotto sul mercato o lo mette in servizio sotto la propria responsabilità. In tale caso la persona che immette il prodotto sul mercato o lo mette in servizio deve presentare una domanda a un organismo notificato ai fini di una relazione successiva alla costruzione. La persona che immette il prodotto sul mercato o lo mette in servizio deve fornire all'organismo notificato tutti i documenti disponibili ed i dati tecnici relativi alla prima immissione sul mercato del prodotto nel Paese di origine. L'organismo notificato esamina il singolo prodotto ed effettua calcoli e altre valutazioni per assicurarne la conformità equivalente ai pertinenti requisiti di cui all'articolo 6. In tale caso la targhetta del costruttore descritta all'allegato II, punto 2.2, deve contenere la dizione «certificazione successiva alla costruzione». L'organismo notificato redige la dichiarazione di conformità concernente la valutazione eseguita e informa la persona che immette il prodotto sul mercato o lo mette in servizio riguardo ai suoi obblighi. Detta persona redige la dichiarazione di conformità di cui all'allegato VIII e appone o fa apporre sul prodotto la marcatura CE con il numero distintivo del pertinente organismo notificato.

2. Per quanto riguarda la progettazione e la costruzione dei prodotti di cui all'articolo 4, comma 1, lettera a), il costruttore di unità o il suo mandatario stabilito nella Comunità espletano le seguenti procedure per le categorie di progettazione A, B, C e D, di cui al punto 1 dell'allegato II, paragrafo A:

a) per le categorie A e B:

1) per le unità con scafo di lunghezza compresa tra duevirgolacinque e dodici metri: controllo di fabbricazione interno e prove (modulo AA) di cui all'allegato V o esame CE del tipo (modulo B) di cui all'allegato VI, completato dalla conformità al tipo (modulo C) di cui all'allegato VII, oppure uno dei seguenti moduli: B + D, B + E, B + F, G, H;

2) per le unità con scafo di lunghezza compresa tra 12 e 24 metri: esame CE del tipo (modulo B), di cui all'allegato VI, completato dalla conformità al tipo (modulo C), di cui all'allegato VII, oppure uno dei seguenti moduli: B + D, B + E, B + F, G, H;

b) per la categoria C:

1) per le unità con scafo di lunghezza compresa tra duevirgolacinque e dodici metri: in caso di rispetto delle norme armonizzate relative ai punti 3.2 e 3.3 dell'allegato II, paragrafo A: controllo di fabbricazione interno (modulo A) di cui all'allegato IV o controllo di fabbricazione interno e prove (modulo AA) di cui all'allegato V, o esame CE del tipo (modulo B) di cui all'allegato VI, completato dalla conformità al tipo (modulo C) di cui all'allegato VII, oppure uno dei seguenti moduli: B + D, B + E, B + F, G, H; in caso di inosservanza delle norme armonizzate relative ai punti 3.2 e 3.3 dell'allegato II paragrafo A: controllo di fabbricazione interno e prove (modulo AA) di cui all'allegato V, o esame CE del tipo (modulo B) di cui all'allegato VI, completato dalla conformità al tipo (modulo C) di cui all'allegato VII, oppure uno dei seguenti moduli: B + D, B + E, B + F, G, H;

2) per le unità con scafo di lunghezza compresa tra 12 e 24 metri: esame CE del tipo (modulo B) di cui all'allegato VI, completato dalla conformità al tipo (modulo C) di cui all'allegato VII, oppure uno dei seguenti moduli: B + D, B + E, B + F, G, H;

c) per la categoria D:

1) per le unità con scafo di lunghezza compresa tra duevirgolacinque e ventiquattro metri: controllo di fabbricazione interno (modulo A) di cui all'allegato IV o controllo di fabbricazione interno e prove (modulo AA) di cui all'allegato V, o esame CE del tipo (modulo B) di cui all'allegato VI, completato dalla conformità al tipo (modulo C) di cui all'allegato VII, oppure uno dei seguenti moduli: B + D, B + E, B + F, G, H;

d) per le moto d'acqua:

1) controllo di fabbricazione interno (modulo A) di cui all'allegato IV, o controllo di fabbricazione interno e prove (modulo AA) di cui all'allegato V, o esame CE del tipo (modulo B) di cui all'allegato VI, completato dalla conformità al tipo (modulo C) di cui all'allegato VII, oppure uno dei seguenti moduli: B + D, B + E, B + F, G, H di cui agli allegati VI, X, XI, XII, XIII, XIV;

e) per i componenti di cui all'allegato I:

1) uno dei seguenti moduli: B + C, B + D, B + F, G, H di cui agli allegati VI, VII, X, XI, XII, XIII.

3. Per quanto riguarda le emissioni di gas di scarico per i prodotti di cui all'articolo 4, comma 1, lettera b), il costruttore dei motori o il suo mandatario stabilito nella Comunità applicano l'esame CE del tipo (modulo B) di cui all'allegato VI, completato dalla conformità al tipo (modulo C) di cui all'allegato VII, oppure uno dei seguenti moduli: B + D, B + E, B + F, G, H di cui agli allegati VI, X, XI, XII, XIII, XIV.

4. Per quanto riguarda le emissioni acustiche:

a) per i prodotti di cui all'articolo 4, comma 1, lettera c), numeri 1) e 2), il costruttore dell'unità o il suo mandatario stabilito nella Comunità applicano:
1) se le prove sono effettuate utilizzando le norme armonizzate per la misurazione del rumore: il controllo di fabbricazione interno e prove (modulo AA) di cui all'allegato V o la verifica di un unico prodotto (modulo G) di cui all'allegato XII ovvero la garanzia qualità totale (modulo H) di cui all'allegato XIII;
2) se per la valutazione si utilizzano il numero di Froude e il rapporto potenza/dislocamento: il controllo di fabbricazione interno e prove (modulo A) di cui all'allegato IV, o il controllo di fabbricazione interno e prove (modulo AA) di cui all'allegato V, o la verifica di un unico prodotto (modulo G) di cui all'allegato XII, ovvero la garanzia qualità totale (modulo H) di cui all'allegato XIII;
3) se per la valutazione sono utilizzati dati certificati relativi all'unità di riferimento, stabiliti conformemente al numero 1): il controllo di fabbricazione interno, modulo A, di cui all'allegato IV o il controllo di fabbricazione interno e i requisiti supplementari, modulo AA, di cui all'allegato V o la verifica di un unico prodotto, modulo G, di cui all'allegato XII o la garanzia qualità totale, modulo H, di cui all'allegato XIII;
b) per i prodotti di cui all'articolo 4, comma 1, lettera c), numeri 3) e 4), il costruttore della moto d'acqua o del motore o il suo mandatario stabilito nella Comunità applicano il controllo di fabbricazione interno e i requisiti supplementari di cui all'allegato V (modulo AA) o il modulo G o H di cui agli allegati XII e XIII.
5. Le avvertenze e le istruzioni d'uso, nonché la documentazione relativa ai mezzi di attestazione di conformità, devono essere redatte anche nella lingua italiana.
6. Gli organismi di cui all'articolo 10 trasmettono al Ministero delle attività produttive e al Ministero delle infrastrutture e dei trasporti l'elenco delle approvazioni rilasciate, delle revoche e dei dinieghi di approvazione sui prodotti di cui all'articolo 4, comma 1.
7. Le spese per la valutazione della conformità sono a carico del richiedente.]

Art. 10.
Organismi di certificazione
[1. Possono essere autorizzati ad espletare le procedure di valutazione di conformità di cui all'articolo 9, nonché i compiti specifici per i quali sono stati autorizzati, i soggetti che soddisfano i requisiti fissati con regolamento adottato con decreto del Ministro delle attività produttive, di concerto con il

Ministro delle infrastrutture e dei trasporti. Con lo stesso regolamento è disciplinato il procedimento di autorizzazione.

2. I soggetti interessati inoltrano apposita istanza al Ministero delle attività produttive che provvede, d'intesa con il Ministero delle infrastrutture e dei trasporti, alla relativa istruttoria ed alla verifica dei requisiti. L'autorizzazione è rilasciata dal Ministero delle attività produttive, di concerto con il Ministero delle infrastrutture e dei trasporti, entro novanta giorni dalla data di presentazione della relativa istanza; decorso tale termine, si intende negata.

3. L'autorizzazione di cui al comma 2 ha durata quinquennale e può essere rinnovata. L'autorizzazione è revocata ove i requisiti di cui al comma 1 vengano meno ovvero nel caso in cui siano accertate gravi o reiterate irregolarità da parte dell'organismo.

4. All'aggiornamento delle prescrizioni, nonché all'aggiornamento dei requisiti in attuazione di norme comunitarie si provvede con regolamento adottato con decreto del Ministro delle attività produttive, di concerto con il Ministro delle infrastrutture e dei trasporti.

5. Il Ministero delle attività produttive e il Ministero delle infrastrutture e dei trasporti vigilano sull'attività degli organismi autorizzati. Il Ministero delle attività produttive, per il tramite del Ministero degli affari esteri, notifica alla Commissione europea e agli altri Stati membri l'elenco degli organismi autorizzati ad espletare le procedure di certificazione ed ogni successiva variazione.

6. In caso di diniego della certificazione da parte di uno degli organismi di cui al comma 1, l'interessato può rivolgersi alle amministrazioni vigilanti di cui all'articolo 11, che, entro sessanta giorni, procedono di intesa al riesame, comunicandone l'esito alle parti, con conseguente addebito delle spese.

7. Le spese di rilascio dell'autorizzazione sono a carico del richiedente. Le spese relative ai controlli successivi sono a carico degli organismi autorizzati.]

Art. 11.
Vigilanza e verifica della conformità
[1. La vigilanza sull'applicazione delle disposizioni del presente capo è demandata al Ministero delle attività produttive e al Ministero delle infrastrutture e dei trasporti, nell'ambito delle rispettive competenze, che operano in coordinamento fra loro.

2. Al fine di verificare la conformità dei prodotti di cui all'articolo 4, comma 1, alle prescrizioni del presente capo, le amministrazioni vigilanti di cui al comma 1 hanno facoltà di disporre verifiche e controlli mediante i propri uffici centrali o periferici.

3. Gli accertamenti possono essere effettuati, anche con metodo a campione, presso il produttore, i depositi sussidiari del produttore, i grossisti, gli importatori, i commercianti o presso gli utilizzatori. A tale fine è consentito:

a) l'accesso ai luoghi di fabbricazione o di immagazzinamento dei prodotti;

b) l'acquisizione di tutte le informazioni necessarie all'accertamento;

c) il prelievo temporaneo e a titolo gratuito di un singolo campione per l'esecuzione di esami e prove.

4. Per l'effettuazione delle eventuali prove tecniche le amministrazioni di cui al comma 1 possono avvalersi di organismi tecnici dello Stato o di laboratori conformi alle norme della serie EN 45000, specificatamente autorizzati con provvedimento del Ministero delle attività produttive, di concerto con il Ministero delle infrastrutture e dei trasporti.

5. Al fine di agevolare l'attività di vigilanza e di verifica, il fabbricante, o il suo mandatario stabilito nel territorio comunitario, predispongono e mantengono a disposizione degli organi di vigilanza, per dieci anni, la documentazione indicata nell'allegato IX.

6. Ferma restando l'applicazione delle sanzioni di cui all'articolo 56, le amministrazioni vigilanti, quando accertano la non conformità dei prodotti di cui all'articolo 4, comma 1, alle disposizioni del presente capo, ordinano al fabbricante o al suo mandatario stabilito nel territorio comunitario, o al responsabile dell'immissione in commercio, di adottare tutte le misure idonee a far venire meno la situazione di non conformità, fissando un termine non superiore a trenta giorni.

7. Decorso inutilmente il termine di cui al comma 6, le amministrazioni vigilanti ordinano l'immediato ritiro dal commercio dei prodotti di cui all'articolo 4, comma 1, a cura e spese del soggetto destinatario dell'ordine.

8. Nel caso di mancato adeguamento, il Ministero delle attività produttive, di concerto con il Ministero delle infrastrutture e dei trasporti, adotta le misure atte a limitare o vietare l'immissione del prodotto sul mercato o a garantire il ritiro dal commercio, a spese del costruttore o del suo mandatario stabilito nel territorio comunitario o del responsabile dell'immissione in commercio.]

Art. 12.
Clausola di salvaguardia

[1. Le amministrazioni vigilanti di cui all'articolo 11, qualora ritengano, a seguito di accertamenti effettuati in sede di vigilanza o su segnalazione degli organismi di cui all'articolo 10, che i prodotti oggetto del presente capo, ancorché recanti marcature CE ed utilizzati in modo conforme alla loro destinazione, possano mettere in pericolo la sicurezza e la salute delle persone, i beni o l'ambiente, vietano o limitano l'immissione in commercio e in servizio od ordinano il ritiro temporaneo dal mercato dei prodotti stessi, a cura e spese del soggetto destinatario dell'ordine, ed adottano di intesa ogni altro provvedimento diretto ad evitarne l'immissione in commercio o la messa in servizio, informandone immediatamente la Commissione europea.]

Art. 13.
Disposizioni transitorie
[1. Possono essere messi in commercio o in servizio i prodotti di cui all'articolo 4, comma 1, che siano conformi alla normativa vigente alla data di entrata in vigore del presente decreto legislativo, con le seguenti modalità:
a) fino al 31 dicembre 2005 per i prodotti di cui all'articolo 4, comma 1, lettera a), nonché per i motori ad accensione per compressione ed i motori a scoppio a quattro tempi;
b) fino al 31 dicembre 2006 per i motori a scoppio a due tempi.]

Art. 14.
Rinvio
1. Alla progettazione e costruzione delle navi da diporto si applicano le disposizioni del libro secondo, titolo I, del codice della navigazione e del libro II, titolo I, del regolamento per l'esecuzione del codice della navigazione, parte navigazione marittima.
1-bis. Alla progettazione, costruzione e immissione in commercio delle unità da diporto di cui all'articolo 3, diverse dalle navi da diporto e dalle navi di cui all'articolo 3 della legge 8 luglio 2003, n. 172, si applicano le disposizioni di cui al decreto legislativo 11 gennaio 2016, n. 5.[15]

Titolo II
REGIME AMMINISTRATIVO DELLE UNITA' DA DIPORTO

Capo I
Iscrizione delle unità da diporto

Art. 15.
Iscrizione[16]
1. Le navi e le imbarcazioni da diporto sono iscritte nell'Archivio telematico centrale delle unità da diporto (ATCN).[17]

---

[15] Comma aggiunto dall'art. 4, comma 1, D. Lgs. 3 novembre 2017, n. 229.
[16] Rubrica così sostituita dall'art. 5, comma 1, lett. a), D. Lgs. 3 novembre 2017, n. 229.
[17] Comma così sostituito dall'art. 5, comma 1, lett. b), D. Lgs. 3 novembre 2017, n. 229.

2. Il proprietario o l'utilizzatore in locazione finanziaria di una nave da diporto o di un'imbarcazione da diporto può chiedere l'iscrizione provvisoria dell'unità, presentando apposita domanda.[18]

3. Le unità da diporto costruite da un soggetto privato per proprio uso personale e senza l'ausilio di alcuna impresa, cantiere o singolo costruttore professionale, possono essere iscritte nell'Archivio telematico centrale delle unità da diporto (ATCN), purché munite di attestazione di idoneità rilasciata da un organismo notificato ai sensi del decreto legislativo 11 gennaio 2016, n. 5, o autorizzato ai sensi del decreto legislativo 14 giugno 2011, n. 104.[19]

4. Il proprietario o l'utilizzatore dell'unità da diporto in locazione finanziaria può richiedere allo Sportello telematico del diportista (STED) l'annotazione della perdita di possesso dell'unità medesima a seguito di reato contro il patrimonio di cui al titolo XIII del codice penale, presentando l'originale o la copia conforme della denuncia o della querela e restituendo, se in suo possesso, la licenza di navigazione. La stessa richiesta può essere presentata in caso di provvedimenti dell'autorità giudiziaria o della pubblica amministrazione che comportano l'indisponibilità dell'unità da diporto, di sentenza di organi giurisdizionali che accertano la perdita del possesso per l'intestatario dell'unità da diporto, requisizione o la cessazione degli effetti del contratto di locazione finanziaria. Nel caso in cui il proprietario o l'utilizzatore dell'unità da diporto in locazione finanziaria rientra nel possesso dell'unità può richiederne l'annotazione allo Sportello telematico del diportista (STED), anche ai fini del rilascio di una nuova licenza di navigazione. Con il regolamento di attuazione del presente codice sono stabilite le modalità relative alla presentazione dell'istanza di perdita e di rientro in possesso dell'unità da diporto.[20]

Art. 15-bis.
Iscrizione di navi da diporto[21]

1. Il proprietario o l'utilizzatore della nave da diporto in locazione finanziaria, in nome e per conto del proprietario, munito di procura con sottoscrizione autenticata, chiede l'iscrizione, anche provvisoria, nell'Archivio telematico centrale delle unità da diporto (ATCN), presentando allo Sportello telematico del diportista (STED) il titolo di proprietà e il certificato di stazza.

---

[18] Comma così modificato dall'art. 5, comma 1, lett. c), D. Lgs. 3 novembre 2017, n. 229.
[19] Comma così modificato dall'art. 5, comma 1, lett. d), D. Lgs. 3 novembre 2017, n. 229.
[20] Comma così sostituito dall'art. 5, comma 1, lett. e), D. Lgs. 3 novembre 2017, n. 229.
[21] Articolo inserito dall'art. 6, comma 1, D. Lgs. 3 novembre 2017, n. 229.

2. Nel caso di navi provenienti da Stati esteri, oltre ai documenti indicati al comma 1, è fatto obbligo di presentare l'estratto del registro di iscrizione di provenienza ovvero il certificato di cancellazione dal medesimo registro. In luogo del certificato di stazza, può essere presentata, in via provvisoria e con validità non superiore a sei mesi, l'attestazione di stazza rilasciata dal registro di iscrizione di provenienza.

3. La presentazione di un certificato dell'autorità competente estera, con validità non superiore a sei mesi dalla data del rilascio, che attesta l'avvio delle procedure di cancellazione dal registro estero e il ritiro dei documenti di navigazione, sostituisce il certificato di cancellazione di cui al comma 2.

4. Nel caso in cui nell'estratto del registro di iscrizione di provenienza o nel certificato di cancellazione dal medesimo registro o nel certificato di cui al comma 3 sono indicate le generalità del proprietario e i dati identificativi dell'unità, non è necessario presentare il titolo di proprietà, fermo restando l'obbligo di presentazione del certificato di stazza o l'attestazione provvisoria di cui al comma 2.

5. Per l'annotazione dell'utilizzo a fini commerciali nel registro delle navi da diporto, il proprietario o l'utilizzatore della nave da diporto in locazione finanziaria presenta allo Sportello telematico del diportista (STED), oltre quanto previsto dai commi da 1 a 4 del presente articolo, il certificato di iscrizione nel registro delle imprese o la dichiarazione sostitutiva dalla quale risultano gli estremi dell'impresa individuale o della società esercente le attività di cui all'articolo 2 o, se si tratta di impresa o società estera, un documento rilasciato dal Paese di appartenenza che attesta la specifica attività di cui all'articolo 2, svolta dall'esercente. L'iscrizione nell'Archivio telematico centrale delle unità da diporto (ATCN) riporta la denominazione di nave da diporto utilizzata a fini commerciali-commercial yacht. La stessa denominazione è riportata anche nella licenza di navigazione.

6. E' fatta salva la facoltà per il proprietario o per l'utilizzatore del bene in locazione finanziaria di mutare sempre la destinazione della nave da diporto in nave da diporto utilizzata a fini commerciali e da nave da diporto utilizzata a fini commerciali in nave da diporto.

Art. 15-ter.
Iscrizione delle navi destinate esclusivamente al noleggio per finalità turistiche[22]

1. Le navi che effettuano noleggio esclusivamente per finalità turistiche di cui all'articolo 3 della legge 8 luglio 2003, n. 172, possono essere iscritte nel registro internazionale di cui all'articolo 1 del decreto-legge 30

---

[22] Articolo inserito dall' art. 6, comma 1, D. Lgs. 3 novembre 2017, n. 229.

dicembre 1997, n. 457, convertito, con modificazioni, dalla legge 27 febbraio 1998, n. 30.

2. Le modalità di iscrizione sono determinate con il regolamento di attuazione del presente codice.

3. I documenti di navigazione per le navi di cui al comma 1 sono:

a) la licenza per navi destinate esclusivamente al noleggio per finalità turistiche redatta su modulo conforme al modello approvato con decreto del Ministero delle infrastrutture e dei trasporti[23];

b) il ruolino di equipaggio, di cui all'articolo 38;

c) il libro unico di bordo.

4. La licenza e il libro unico di bordo di cui al comma 3, lettere a) e c), sono disciplinati dal regolamento di attuazione del presente codice[24].

5. E' fatta salva, per le navi di cui al comma 1, la facoltà di sostituire la licenza di cui al comma 3, lettera a) con l'atto di nazionalità di cui all'articolo 150 del codice della navigazione, e il ruolino di equipaggio con il ruolo di equipaggio, di cui all'articolo 170 del medesimo codice[25].

Art. 16.
Iscrizione di unità da diporto utilizzate a titolo di locazione finanziaria

1. Le unità da diporto utilizzate a titolo di locazione finanziaria con facoltà di acquisto sono iscritte a nome del locatore con specifica annotazione nell'Archivio telematico centrale delle unità da diporto (ATCN) e sulla licenza di navigazione del nominativo dell'utilizzatore e della data di scadenza del relativo contratto.[26]

1-bis. In caso di risoluzione del contratto di locazione finanziaria, il proprietario o l'utilizzatore dell'unità da diporto in locazione finanziaria chiede la cancellazione dell'annotazione di cui al comma 1. Lo Sportello telematico del diportista (STED) notifica l'avvenuta cancellazione dell'annotazione al proprietario e all'utilizzatore dell'unità da diporto in locazione finanziaria, richiedendo a quest'ultimo la restituzione della licenza di navigazione.[27]

1-ter. Nel caso di perdita della disponibilità dell'unità da diporto, il proprietario o l'utilizzatore del bene in locazione finanziaria chiede la cancellazione dell'annotazione di cui al comma 1, a seguito dell'annotazione della perdita di possesso di cui all'articolo 15. Lo Sportello telematico del diportista (STED) notifica l'avvenuta cancellazione

---

[23] Così modificato dal Decreto Legislativo 12 novembre 2020, n. 160.

[24] Così modificato dal Decreto Legislativo 12 novembre 2020, n. 160.

[25] Così modificato dal Decreto Legislativo 12 novembre 2020, n. 160.

[26] Comma così modificato dall'art. 7, comma 1, lett. a), D. Lgs. 3 novembre 2017, n. 229.

[27] Comma aggiunto dall'art. 7, comma 1, lett. b), D. Lgs. 3 novembre 2017, n. 229.

dell'annotazione al proprietario e all'utilizzatore dell'unità da diporto in locazione finanziaria, richiedendo a quest'ultimo la restituzione della licenza di navigazione.[28]

Art. 17.
Disposizioni per la pubblicità degli atti relativi alle unità da diporto
1. Per gli effetti previsti dal codice civile, gli atti costitutivi, traslativi o estintivi della proprietà o di altri diritti reali su unità da diporto soggette ad iscrizione ai sensi del presente decreto legislativo sono resi pubblici, su richiesta avanzata dall'interessato, entro sessanta giorni o, se l'interessato è residente all'estero, entro centoventi giorni dalla data dell'atto, mediante trascrizione nell'Archivio telematico centrale delle unità da diporto (ATCN) ed annotazione sulla licenza di navigazione.[29]
2. La ricevuta dell'avvenuta presentazione dei documenti per la pubblicità, rilasciata dallo Sportello telematico del diportista (STED), sostituisce la licenza di navigazione per la durata massima di sessanta giorni.[30]
3. Accertata una violazione in materia di pubblicità di cui al comma 1, ne è data immediata notizia all'Ufficio di conservatoria centrale delle unità da diporto (UCON) che, previa presentazione allo Sportello telematico del diportista (STED) da parte dell'interessato della nota di trascrizione e degli altri documenti prescritti dalla legge, nel termine di dieci giorni dalla data dell'accertamento regolarizza la trascrizione. Ove l'interessato non vi provveda nel termine indicato l'Ufficio di conservatoria centrale delle unità da diporto (UCON) dispone il ritiro della licenza di navigazione.[31]
4. Per gli atti costitutivi, traslativi o estintivi della proprietà o di altri diritti reali di cui al comma 1, posti in essere fino alla data di entrata in vigore del presente decreto legislativo si procede, su richiesta dell'interessato avanzata entro novanta giorni dall'entrata in vigore del presente decreto legislativo e senza l'applicazione di sanzioni, alle necessarie regolarizzazioni.
4-bis. Non si applica il termine di cui al comma 1 per la dichiarazione e la revoca di armatore.[32]

---

[28] Comma aggiunto dall'art. 7, comma 1, lett. b), D. Lgs. 3 novembre 2017, n. 229.
[29] Comma così modificato dall'art. 8, comma 1, lett. a), D. Lgs. 3 novembre 2017, n. 229.
[30] Comma così modificato dall'art. 8, comma 1, lett. b), D. Lgs. 3 novembre 2017, n. 229. Successivamente, il presente comma è stato così modificato dall'art. 9, comma 9, lett. a), D.L. 16 giugno 2022, n. 68, convertito, con modificazioni, dalla L. 5 agosto 2022, n. 108.
[31] Comma così modificato dall'art. 8, comma 1, lett. c), D. Lgs. 3 novembre 2017, n. 229.
[32] Comma aggiunto dall'art. 8, comma 1, lett. d), D. Lgs. 3 novembre 2017, n. 229.

Art. 18.
Iscrizione di unità da diporto da parte di cittadini stranieri o residenti all'estero

1. Gli stranieri e le società estere che intendano iscrivere o mantenere l'iscrizione delle unità da diporto di loro proprietà nell'Archivio telematico centrale delle unità da diporto (ATCN), se non hanno domicilio in Italia, devono eleggerlo presso l'autorità consolare dello Stato al quale appartengono nei modi e nelle forme previsti dalla legislazione dello Stato stesso o presso un proprio rappresentante che abbia domicilio in Italia, al quale le autorità marittime o della navigazione interna possono rivolgersi in caso di comunicazioni relative all'unità iscritta.[33]

2. L'elezione di domicilio effettuata ai sensi del comma 1 non costituisce stabile organizzazione in Italia della società estera e, se nei confronti di agenzia marittima, non comporta nomina a raccomandatario marittimo ai sensi dell'articolo 2 della legge 4 aprile 1977, n. 135.

3. Il rappresentante scelto ai sensi del comma 1, qualora straniero, deve essere regolarmente soggiornante in Italia.

4. I cittadini italiani e di altri Stati membri dell'Unione europea residenti all'estero che intendono iscrivere o mantenere l'iscrizione delle unità da diporto di loro proprietà nell'Archivio telematico centrale delle unità da diporto (ATCN) devono eleggere domicilio in Italia o nominare un proprio rappresentante che abbia domicilio in Italia, al quale le autorità marittime o della navigazione interna possono rivolgersi in caso di comunicazioni relative all'unità iscritta. Il rappresentante, qualora straniero, deve essere regolarmente domiciliato in Italia.[34]

Art. 19.
Iscrizione di imbarcazioni da diporto[35]

1. Per ottenere l'iscrizione nell'Archivio telematico centrale delle unità da diporto (ATCN), il proprietario o l'utilizzatore dell'imbarcazione da diporto in locazione finanziaria, in nome e per conto del proprietario, munito di procura con sottoscrizione autenticata, presenta allo Sportello telematico del diportista (STED) il titolo di proprietà e la dichiarazione di conformità UE, rilasciata ai sensi dell'allegato XIV del decreto legislativo 11 gennaio 2016, n. 5, da uno dei soggetti indicati nell'articolo 14, comma 3, del medesimo decreto, nonché la dichiarazione di potenza del motore o dei motori installati a bordo. Per le unità da diporto non munite di marcatura CE la predetta documentazione tecnica è sostituita da un'attestazione di

---

[33] Comma così modificato dall'art. 9, comma 1, lett. a), D. Lgs. 3 novembre 2017, n. 229.

[34] Comma così sostituito dall'art. 9, comma 1, lett. b), D. Lgs. 3 novembre 2017, n. 229.

[35] Rubrica così sostituita dall'art. 10, comma 1, lett. a), D. Lgs. 3 novembre 2017, n. 229.

idoneità rilasciata da un organismo tecnico notificato ai sensi del decreto legislativo 11 gennaio 2016, n. 5, ovvero autorizzato ai sensi del decreto legislativo 14 giugno 2011, n. 104.[36]

1-bis. Per ottenere l'iscrizione nell'Archivio telematico centrale delle unità da diporto (ATCN) di un'unità da diporto di propria costruzione, ferma restando l'applicazione delle vigenti disposizioni tributarie, il cantiere che ha costruito, completato o assemblato l'unità presenta, in luogo del titolo di proprietà di cui al comma 1, una dichiarazione sostitutiva dell'atto di notorietà ai sensi dell'articolo 47 del decreto del Presidente della Repubblica 28 dicembre 2000, n. 445, nella quale autocertifica le predette circostanze e che l'unità da diporto è di sua esclusiva proprietà, indicando altresì il nome, le caratteristiche tecniche del modello e il codice identificativo dello scafo[37].

2. Per le unità provenienti da uno Stato membro dell'Unione europea, munite di marcatura CE, ai documenti indicati al comma 1 è aggiunto il certificato di cancellazione dal registro ove l'unità era iscritta che, se riportante i dati tecnici, sostituisce la documentazione tecnica di cui al comma 1. Qualora la legislazione del Paese di provenienza dell'unità da diporto non preveda l'iscrizione nei registri, il certificato di cancellazione è sostituito da apposita dichiarazione del proprietario dell'unità o del suo legale rappresentante. Per le unità provenienti da uno Stato membro non munite di marcatura CE la documentazione tecnica di cui al comma 1 è sostituita da una attestazione di idoneità rilasciata da un organismo tecnico notificato ai sensi del decreto legislativo 11 gennaio 2016, n. 5, o autorizzato ai sensi del decreto legislativo 14 giugno 2011, n. 104.[38]

3. Qualora il proprietario o l'utilizzatore in locazione finanziaria in nome e per conto[39] del proprietario, munito di procura con sottoscrizione autenticata, di una imbarcazione da diporto iscritta in uno dei registri pubblici di uno Stato membro dell'Unione europea, o di Stati terzi individuati[40] con modalità stabilite dal regolamento di attuazione del presente codice chieda l'iscrizione nell'Archivio telematico centrale delle unità da diporto (ATCN), in luogo del titolo di proprietà, è sufficiente presentare il certificato di cancellazione dal registro dello Stato di provenienza ovvero un attestato dell'autorità straniera[41] competente, con validità massima di sei mesi, dal quale risulti avviata la procedura di cancellazione. Dal certificato di cancellazione o dall'attestato provvisorio

---

[36] Comma così sostituito dall'art. 10, comma 1, lett. b), D. Lgs. 3 novembre 2017, n. 229.
[37] Aggiunto dal Decreto Legislativo 12 novembre 2020, n. 160.
[38] Comma così modificato dall'art. 10, comma 1, lett. c), D. Lgs. 3 novembre 2017, n. 229.
[39] Così modificato dal Decreto Legislativo 12 novembre 2020, n. 160.
[40] Così modificato dal Decreto Legislativo 12 novembre 2020, n. 160.
[41] Così modificato dal Decreto Legislativo 12 novembre 2020, n. 160.

devono sempre risultare le generalità del proprietario e gli elementi di individuazione dell'unità.[42]

4. Per l'iscrizione di unità da diporto provenienti da Paesi terzi costruite, immesse in commercio o messe in servizio in uno degli Stati membri dell'area economica europea (AEE) prima del 16 giugno 1998, la documentazione tecnica è sostituita da un'attestazione di idoneità rilasciata da un organismo tecnico notificato ai sensi del decreto legislativo 11 gennaio 2016, n. 5, o autorizzato ai sensi del decreto legislativo 14 giugno 2011, n. 104.[43]

4-bis. Per l'annotazione dell'utilizzo a fini commerciali nell'Archivio telematico centrale delle unità da diporto (ATCN), il proprietario o l'utilizzatore dell'imbarcazione da diporto in locazione finanziaria presenta all'ufficio di iscrizione, oltre quanto previsto dai commi da 1 a 4 del presente articolo, il certificato di iscrizione nel registro delle imprese o dichiarazione sostitutiva dalla quale risultano l'indicazione delle imprese individuali o società esercenti le attività di cui all'articolo 2 o, se si tratta di impresa o società estera, un documento rilasciato dal Paese di appartenenza che attesta la specifica attività di cui all'articolo 2, svolta dall'esercente. L'iscrizione nell'Archivio telematico centrale delle unità da diporto (ATCN) riporta la denominazione di imbarcazione da diporto utilizzata a fini commerciali-commercial yacht. La stessa denominazione è riportata anche nella licenza di navigazione. E' fatta salva la facoltà per il proprietario o dell'utilizzatore del bene in locazione finanziaria di mutare sempre la destinazione della imbarcazione da diporto in imbarcazione da diporto utilizzata a fini commerciali e da imbarcazione da diporto utilizzata a fini commerciali in imbarcazione da diporto.[44]

Art. 20.
Iscrizione provvisoria di navi e imbarcazioni da diporto[45]

1. Il proprietario di un'imbarcazione o di una nave da diporto o l'utilizzatore del bene in locazione finanziaria, in nome e per conto del proprietario, munito di procura con sottoscrizione autenticata, può chiedere, ove si tratti di prima immissione in servizio, l'assegnazione del numero di immatricolazione, presentando domanda allo Sportello telematico del diportista (STED). Alla domanda è allegata:

a) copia della fattura o della ricevuta fiscale attestante l'assolvimento dei pertinenti adempimenti fiscali e degli eventuali adempimenti doganali e

---

[42] Comma così sostituito dall'art. 10, comma 1, lett. d), D. Lgs. 3 novembre 2017, n. 229.

[43] Comma così modificato dall'art. 10, comma 1, lett. e), D. Lgs. 3 novembre 2017, n. 229.

[44] Comma aggiunto dall'art. 10, comma 1, lett. f), D. Lgs. 3 novembre 2017, n. 229.

[45] Rubrica così sostituita dall'art. 11, comma 1, lett. a), D. Lgs. 3 novembre 2017, n. 229.

contenente le generalità, l'indirizzo e il codice fiscale dell'interessato, nonché la descrizione tecnica dell'unità stessa;

b) dichiarazione di conformità UE per le unità che ne sono provviste;

c) dichiarazione di potenza del motore o dei motori di propulsione sistemati a bordo;

d) dichiarazione di assunzione di responsabilità da parte dell'intestatario della fattura o della ricevuta fiscale per tutti gli eventi derivanti dall'esercizio dell'imbarcazione o della nave fino alla data di presentazione del titolo di proprietà di cui al comma 2.[46]

1-bis. In caso di domanda di iscrizione provvisoria di navi da diporto, il proprietario o l'utilizzatore del bene in locazione finanziaria, in nome e per conto del proprietario, munito di procura con sottoscrizione autenticata, allega, oltre la documentazione prevista dal comma 1, il certificato di stazza, anche provvisorio.[47]

2. L'assegnazione del numero di immatricolazione determina l'iscrizione dell'unità condizionata alla successiva presentazione del titolo di proprietà, da effettuare a cura dell'intestatario della fattura entro e non oltre sei mesi dalla data dell'assegnazione stessa. Contestualmente all'iscrizione sono rilasciati la licenza provvisoria di navigazione, il certificato di sicurezza e il ruolino di equipaggio[48].

3. Decorsi sei mesi dall'assegnazione del numero di immatricolazione senza che sia stato presentato il titolo di proprietà, l'iscrizione si ha per non avvenuta, la licenza provvisoria e il certificato di sicurezza sono restituiti a uno Sportello telematico del diportista (STED) e il proprietario dell'unità deve presentare domanda di iscrizione ai sensi dell'articolo 19.[49]

Art. 21.
Cancellazione dall'Archivio telematico centrale delle unità da diporto (ATCN)[50]

[1. Per trasferire ad altro ufficio l'iscrizione di una unità da diporto e le eventuali trascrizioni a suo carico il proprietario, o un suo legale rappresentante, deve presentare domanda all'ufficio di iscrizione dell'unità.[51]]

---

[46] Comma così sostituito dall'art. 11, comma 1, lett. b), D. Lgs. 3 novembre 2017, n. 229.

[47] Comma inserito dall'art. 11, comma 1, lett. c), D. Lgs. 3 novembre 2017, n. 229.

[48] Così modificato dal Decreto Legislativo 12 novembre 2020, n. 160.

[49] Comma così modificato dall'art. 11, comma 1, lett. d), D. Lgs. 3 novembre 2017, n. 229.

[50] Rubrica così sostituita dall'art. 12, comma 1, lett. a), D. Lgs. 3 novembre 2017, n. 229.

[51] Comma abrogato dall'art. 12, comma 1, lett. b), D. Lgs. 3 novembre 2017, n. 229.

2. La cancellazione delle unità da diporto dall'Archivio telematico centrale delle unità da diporto (ATCN) può avvenire, secondo le modalità stabilite nel regolamento di attuazione del presente codice:[52]

a) per vendita o trasferimento all'estero;

b) per demolizione;

c) per passaggio dalla categoria delle imbarcazioni a quella dei natanti;

d) per passaggio ad altro registro;

e) per perdita effettiva o presunta.

2-bis. Il proprietario che intende vendere all'estero la nave o l'imbarcazione o che, mantenendone la proprietà, intende cancellarla dall'Archivio telematico centrale delle unità da diporto (ATCN) per l'iscrizione nei registri di un Paese estero deve presentare la richiesta, tramite lo Sportello telematico del diportista (STED), al conservatore unico (UCON) e deve ricevere il nulla osta alla dismissione di bandiera da parte dello stesso.[53]

2-ter. Il conservatore unico (UCON) rilascia il nulla osta alla dismissione di bandiera o alla demolizione di una unità da diporto entro e non oltre trenta giorni dal ricevimento della richiesta. Ai fini del nulla osta alla dismissione di bandiera o alla demolizione di una nave o imbarcazione da diporto, si applica l'articolo 15 della legge 26 luglio 1984, n. 413.[54]

2-quater. Ai fini dell'accertamento di cui all'articolo 15 della legge 26 luglio 1984, n. 413, decorso il termine di trenta giorni di cui al comma 2-ter, il nulla osta alla dismissione di bandiera o alla demolizione si intende comunque rilasciato.[55]

Capo II
Abilitazione alla navigazione delle unità da diporto

Art. 22.
Documenti di navigazione e tipi di navigazione

1. I documenti di navigazione per le navi da diporto, rilasciati dallo Sportello telematico del diportista (STED) all'atto dell'iscrizione, sono:[56]

a) fatta salva la disciplina prevista dall'articolo 15-ter, comma 3, lettera a), per le navi destinate esclusivamente al noleggio per finalità turistiche, la licenza di navigazione, anche provvisoria, che abilita alla navigazione nelle acque interne e in quelle marittime senza alcun limite;[57]

b) il certificato di sicurezza, che attesta lo stato di navigabilità.

---

[52] Così modificato dall'art. 12, comma 1, lett. c), D. Lgs. 3 novembre 2017, n. 229.

[53] Comma aggiunto dall'art. 12, comma 1, lett. d), D. Lgs. 3 novembre 2017, n. 229.

[54] Comma aggiunto dall'art. 12, comma 1, lett. d), D. Lgs. 3 novembre 2017, n. 229.

[55] Comma aggiunto dall'art. 12, comma 1, lett. d), D. Lgs. 3 novembre 2017, n. 229.

[56] Capoverso così modificato dall'art. 13, comma 1, lett. c), D. Lgs. 3 novembre 2017, n. 229.

[57] Così modificata dal Decreto Legislativo 12 novembre 2020, n. 160.

2. I documenti di navigazione per le imbarcazioni da diporto, rilasciati dallo Sportello telematico del diportista (STED) all'atto dell'iscrizione, sono:[58]
a) la licenza di navigazione, anche provvisoria, che abilita al tipo di navigazione consentito dalle caratteristiche di costruzione dell'unità, indicate nella dichiarazione di conformità, UE, rilasciata, ai sensi dell'allegato XIV del decreto legislativo 11 gennaio 2016, n. 5, da uno dei soggetti indicati nell'articolo 14, comma 3, del medesimo decreto ovvero da un'attestazione di idoneità rilasciata da un organismo tecnico notificato ai sensi del decreto legislativo 11 gennaio 2016, n. 5, ovvero autorizzato ai sensi del decreto legislativo 14 giugno 2011, n. 104;[59]
b) il certificato di sicurezza, che attesta lo stato di navigabilità.
3. Le imbarcazioni da diporto possono essere abilitate ai seguenti tipi di navigazione:
a) imbarcazioni senza marcatura CE:
1) senza alcun limite nelle acque marittime ed interne;
2) fino a sei miglia dalla costa nelle acque marittime e senza alcun limite nelle acque interne;
b) imbarcazioni con marcatura CE:
1) senza alcun limite, per la categoria di progettazione A di cui all'allegato II;
2) con vento fino a forza 8 e onde di altezza significativa fino a quattro metri, mare agitato, per la categoria di progettazione B di cui all'allegato II;
3) con vento fino a forza 6 e onde di altezza significativa fino a due metri, mare molto mosso, per la categoria di progettazione C di cui all'allegato II;
4) per la navigazione in acque protette, con vento fino a forza 4 e altezza significativa delle onde fino a 0,3 metri, per la categoria di progettazione D di cui all'allegato II.

Art. 23.
Licenza di navigazione
1. La licenza di navigazione per le navi e imbarcazioni da diporto, comprese le unità da diporto utilizzate a fini commerciali, è redatta su modulo conforme al modello approvato con decreto del Ministero delle infrastrutture e dei trasporti.[60]
2. Sulla licenza di navigazione sono riportati il numero e la sigla di iscrizione ovvero il codice alfanumerico generato automaticamente dal Centro elaborazione dati su base nazionale per le unità da diporto immatricolate alla data di entrata in vigore del regolamento di attuazione di

---

[58] Capoverso così modificato dall'art. 13, comma 1, lett. c), D. Lgs. 3 novembre 2017, n. 229.
[59] Lettera così modificata dall'art. 13, comma 1, lett. b), D. Lgs. 3 novembre 2017, n. 229.
[60] Comma così modificato dall'art. 14, comma 1, lett. a), D. Lgs. 3 novembre 2017, n. 229.

cui all'articolo 1, comma 217 e seguenti, della legge 24 dicembre 2012, n. 228, il tipo e le caratteristiche principali dello scafo e dell'apparato motore, il nome o la denominazione sociale del soggetto proprietario, il nome dell'unità se richiesto, il tipo di navigazione autorizzata, nonché la stazza per le navi da diporto. Sono annotati il numero massimo delle persone trasportabili, gli eventuali atti costitutivi, traslativi ed estintivi della proprietà e degli altri diritti reali di godimento e di garanzia sull'unità, nonché l'eventuale uso commerciale dell'unità stessa.[61]

3. La licenza di navigazione e gli altri documenti prescritti sono mantenuti a bordo in originale o in copia autentica, se la navigazione avviene tra porti dello Stato.

4. La denuncia di furto o di smarrimento o di distruzione dei documenti prescritti, unitamente ad un documento che attesti la vigenza della copertura assicurativa, costituisce autorizzazione provvisoria alla navigazione tra porti nazionali per la durata di trenta giorni, a condizione che il certificato di sicurezza dell'unità sia in corso di validità.

5. Per lo svolgimento delle procedure amministrative, i documenti di bordo possono essere inviati allo Sportello telematico del diportista (STED) su supporto informatico o per via telematica.[62]

6. Le navi da diporto per le quali il procedimento di iscrizione non sia ancora concluso possono essere abilitate alla navigazione dallo Sportello telematico del diportista (STED) con licenza provvisoria la cui validità non può essere superiore a sei mesi.[63]

Art. 24.
Rinnovo della licenza di navigazione

1. La licenza di navigazione è rinnovata in caso di modifiche del tipo e delle caratteristiche principali dello scafo, come definite nell'articolo 3, comma 1, lettera h), del decreto legislativo 11 gennaio 2016, n. 5 e dell'apparato motore, come definite nell'articolo 3, comma 1, lettera g), del medesimo decreto e del tipo di navigazione autorizzata.[64]

2. La ricevuta dell'avvenuta presentazione dei documenti necessari per il rinnovo rilasciata dallo Sportello telematico del diportista (STED) sostituisce la licenza di navigazione anche ai fini del rilascio del ruolo e del ruolino di equipaggio e della licenza per l'apparato ricetrasmittente di bordo per la durata massima di sessanta giorni. Lo sportello telematico del

---

[61] Comma così modificato dall'art. 14, comma 1, lett. b), D. Lgs. 3 novembre 2017, n. 229.

[62] Comma così modificato dall'art. 14, comma 1, lett. c), D. Lgs. 3 novembre 2017, n. 229.

[63] Comma così modificato dall'art. 14, comma 1, lett. d), D. Lgs. 3 novembre 2017, n. 229.

[64] Comma così modificato dall'art. 15, comma 1, lett. a), D. Lgs. 3 novembre 2017, n. 229.

diportista (STED) rinnova la licenza di navigazione entro sessanta giorni dalla presentazione dei documenti.[65]

Art. 24-bis.
Dichiarazione di armatore[66]
1. Chi assume l'esercizio di unità da diporto deve fare dichiarazione di armatore all'Ufficio di conservatoria centrale delle unità da diporto (UCON) tramite lo sportello telematico del diportista (STED). Quando l'esercizio non è assunto dal proprietario, se l'armatore non vi provvede, la dichiarazione può essere fatta dal proprietario. Quando l'esercizio è assunto dai comproprietari mediante costituzione di società di armamento, le formalità di cui agli articoli 279, 282, secondo comma, del codice della navigazione, tengono luogo della dichiarazione di armatore.
2. La dichiarazione e la revoca di armatore sono fatte per atto scritto con sottoscrizione autenticata, anche dai soggetti di cui all'articolo 7, comma 1, del decreto-legge 4 luglio 2006, n. 223, convertito, con modificazioni, dalla legge 4 agosto 2006, n. 248, ovvero verbalmente. In quest'ultimo caso la dichiarazione e la revoca sono raccolte dallo sportello telematico del diportista (STED) con processo verbale nelle forme stabilite nel regolamento di attuazione del presente codice.
3. Quando l'esercizio non è assunto dal proprietario, all'atto della dichiarazione si deve consegnare copia autentica del titolo che attribuisce l'uso dell'unità.
4. La dichiarazione di armatore deve contenere:
a) i dati anagrafici, il domicilio o la residenza dell'armatore;
b) gli elementi di individuazione dell'unità.
5. Quando l'esercizio è assunto da persona diversa dal proprietario, la dichiarazione di armatore, oltre quanto previsto al comma 4, deve contenere:
a) i dati anagrafici, il domicilio o la residenza del proprietario;
b) l'indicazione del titolo che attribuisce l'uso dell'unità.
6. La dichiarazione di armatore deve essere trascritta nell'Archivio telematico centrale delle unità da diporto (ATCN) e annotata sulla licenza di navigazione.
7. Nel caso di discordanza tra i dati contenuti nell'Archivio telematico centrale delle unità da diporto (ATCN) e le annotazioni sulla licenza di

---

[65] Comma sostituito dall'art. 15, comma 1, lett. b), D. Lgs. 3 novembre 2017, n. 229; per l'applicabilità di tale disposizione vedi l'art. 61, comma 2, del medesimo D. Lgs. n. 229/2017. Successivamente, il presente comma è stato così modificato dall'art. 9, comma 1, D. Lgs. 12 novembre 2020, n. 160 e dall'art. 9, comma 9, lett. b), D.L. 16 giugno 2022, n. 68, convertito, con modificazioni, dalla L. 5 agosto 2022, n. 108.
[66] Articolo inserito dall'art. 16, comma 1, D. Lgs. 3 novembre 2017, n. 229.

navigazione, prevalgono le risultanze dell'Archivio telematico centrale delle unità da diporto (ATCN).

8. In mancanza della dichiarazione di armatore, armatore si presume il proprietario fino a prova contraria. In caso di unità da diporto concesse in locazione finanziaria, armatore si presume l'utilizzatore dell'unità in locazione finanziaria, fino a prova contraria.

9. L'armatore è responsabile delle obbligazioni contratte, per quanto riguarda sia l'utilizzo che l'esercizio dell'unità da diporto. Per le obbligazioni contratte in occasione e per i bisogni di un viaggio, e per le obbligazioni sorte da fatti o atti compiuti durante lo stesso viaggio, a eccezione di quelle derivanti da proprio dolo o colpa grave, l'armatore di una unità da diporto di stazza lorda inferiore alle 300 tonnellate può limitare il debito complessivo a una somma pari al valore dell'unità e all'ammontare del nolo e di ogni altro provento del viaggio. Sulla somma alla quale è limitato il debito dell'armatore concorrono i creditori soggetti alla limitazione secondo l'ordine delle rispettive cause di prelazione e a esclusione di ogni altro creditore.

10. Per quanto non previsto espressamente nel presente articolo, si applicano le disposizioni del titolo III, capo I e II, del codice della navigazione e le relative norme attuative.

Art. 25.
Bandiera nazionale e numeri di individuazione dell'unità[67]

1. Le imbarcazioni e le navi da diporto iscritte nell'Archivio telematico centrale delle unità da diporto (ATCN) espongono la bandiera nazionale e sono contraddistinte da un numero di individuazione composto da un codice alfanumerico generato automaticamente dal Centro elaborazione dati su base nazionale costituito in sequenza da quattro caratteri alfabetici e da quattro caratteri numerici. Dopo il numero di individuazione è apposta la lettera D nel caso di imbarcazioni da diporto ovvero il gruppo ND nel caso di navi da diporto.[68]

1-bis. Le unità già immatricolate alla data di entrata in vigore del regolamento di attuazione di cui all'articolo 1, comma 217 e seguenti, della legge 24 dicembre 2012, n. 228, possono conservare i numeri di iscrizione già assegnati. Nel caso previsto al precedente periodo si applica la lettera "X" di seguito ai predetti numeri di iscrizione.[69]

---

[67] Rubrica così modificata dall'art. 17, comma 1, lett. a), D. Lgs. 3 novembre 2017, n. 229.

[68] Comma così modificato dall'art. 17, comma 1, lett. b), D. Lgs. 3 novembre 2017, n. 229.

[69] Comma inserito dall'art. 17, comma 1, lett. c), D. Lgs. 3 novembre 2017, n. 229.

2. Le caratteristiche dei numeri di individuazione delle unità da diporto sono stabilite con decreto del Ministero delle infrastrutture e dei trasporti.[70]

3. Il proprietario ha facoltà di contraddistinguere l'imbarcazione o la nave da diporto con un numero di iscrizione che può essere costituito, a richiesta, da una specifica combinazione alfanumerica a condizione che la stessa non sia già stata utilizzata per l'identificazione di altra unità da diporto e che non risulti contraria all'ordine pubblico, alla moralità pubblica e al buon costume.[71]

[4. Il proprietario che trasferisca o venda all'estero l'unità da diporto è tenuto a chiedere preventivamente il nulla osta alla dismissione della bandiera.[72]]

Art. 26.
Certificato di sicurezza e certificato di idoneità al noleggio[73]

1. Il certificato di sicurezza per le navi e per le imbarcazioni da diporto attesta lo stato di navigabilità dell'unità e fa parte dei documenti di bordo. Il rilascio, il rinnovo e la convalida del certificato di sicurezza sono disciplinati dal regolamento di attuazione del presente codice.[74]

1-bis. Il certificato di idoneità al noleggio attesta lo stato di idoneità dell'unità al noleggio ed è rilasciato dallo STED ai sensi del decreto del Presidente della Repubblica 14 dicembre 2018, n. 152[75]. Il rilascio, il rinnovo e la convalida sono disciplinati dal regolamento di attuazione del presente codice.[76]

Art. 26-bis.
Controlli di sicurezza della navigazione da diporto in mare[77]

1. Il Ministro delle infrastrutture e dei trasporti, con specifiche direttive emanate entro il 31 marzo di ciascun anno, determina le modalità di svolgimento dei controlli in materia di sicurezza della navigazione da diporto, anche a fini commerciali, al fine di evitare duplicazioni di accertamenti a carico delle unità da diporto, con particolar riguardo alla stagione balneare. Il Ministro delle infrastrutture e dei trasporti verifica annualmente l'attuazione delle predette direttive.

---

[70] Comma così modificato dall'art. 17, comma 1, lett. d), D. Lgs. 3 novembre 2017, n. 229.

[71] Comma così modificato dall'art. 17, comma 1, lett. e), D. Lgs. 3 novembre 2017, n. 229.

[72] Comma abrogato dall'art. 17, comma 1, lett. f), D. Lgs. 3 novembre 2017, n. 229.

[73] Rubrica così modificata dall'art. 18, comma 1, lett. a), D. Lgs. 3 novembre 2017, n. 229.

[74] Comma così modificato dall'art. 18, comma 1, lett. b), D. Lgs. 3 novembre 2017, n. 229.

[75] Così modificato dal Decreto Legislativo 12 novembre 2020, n. 160.

[76] Comma aggiunto dall'art. 18, comma 1, lett. c), D. Lgs. 3 novembre 2017, n. 229.

[77] Articolo inserito dall'art. 19, comma 1, D. Lgs. 3 novembre 2017, n. 229.

2. Al fine del raggiungimento degli obiettivi delle direttive di cui al comma 1, è istituito un sistema di controlli di natura preventiva che, a seguito di un accertamento favorevole sulla regolarità della documentazione di bordo, delle dotazioni di sicurezza e dei titoli abilitativi al comando delle unità da diporto, consente di evitare durante la stagione balneare la reiterazione di tali controlli, restando fermi quelli di diversa natura rientranti nelle attribuzioni e nei compiti di istituto propri di ciascuna Forza di polizia.

3. La pianificazione, la direzione e il coordinamento relativo ai controlli in materia di sicurezza della navigazione da diporto sono di competenza esclusiva del Corpo delle capitanerie di porto-guardia costiera.

4. I controlli alle unità da diporto sono svolti anche tramite l'accesso all'anagrafe nazionale delle patenti nautiche di cui all'articolo 39-bis del presente codice, all'Archivio telematico centrale delle unità da diporto (ATCN) e al Centro elaborazione dati di cui all'articolo 9, comma 1, della legge 1° aprile 1981, n. 121, da parte degli ufficiali e agenti di polizia giudiziaria appartenenti al Corpo delle Capitanerie di porto, nei limiti previsti dall'articolo 8-bis, comma 1, del decreto legge 23 maggio 2008, n. 92, convertito, con modificazioni, dalla legge 24 luglio 2008, n. 125.

Art. 27.
Natanti da diporto[78]

1. I natanti da diporto e le moto d'acqua sono esclusi dall'obbligo dell'iscrizione nell'Archivio telematico centrale delle unità da diporto (ATCN), della licenza di navigazione di cui all'articolo 23 e del certificato di sicurezza di cui all'articolo 26.

2. I natanti da diporto, a richiesta dell'interessato, possono essere iscritti nell'Archivio telematico centrale delle unità da diporto (ATCN) ed in tale caso assumono il regime giuridico delle imbarcazioni da diporto.

3. I natanti senza marcatura CE possono navigare:

a) entro sei miglia di distanza dalla costa;

b) entro dodici miglia di distanza dalla costa, se omologati per la navigazione senza alcun limite o se riconosciuti idonei per tale navigazione da un organismo tecnico notificato ai sensi del decreto legislativo 11 gennaio 2016, n. 5 o autorizzato ai sensi del decreto legislativo 14 giugno 2011, n. 104; in tale caso durante la navigazione è tenuta a bordo copia del certificato di omologazione con relativa dichiarazione di conformità ovvero l'attestazione di idoneità rilasciata dai predetti organismi;

c) entro un miglio di distanza dalla costa, se denominati jole, pattini, sandolini, mosconi, pedalo', tavole autopropulse o non autopropulse, natanti a vela con superficie velica non superiore a 4 metri quadrati, canoe e kajak.

---

[78] Così modificato dal Decreto Legislativo 12 novembre 2020, n. 160.

4. I natanti provvisti di marcatura CE possono navigare nei limiti stabiliti dalla categoria di progettazione di appartenenza di cui all'allegato I del decreto legislativo 11 gennaio 2016, n. 5 e, comunque, non oltre dodici miglia di distanza dalla costa.

5. Le moto d'acqua possono navigare entro un miglio di distanza dalla costa.

6. La navigazione e le modalità di utilizzo dei natanti di cui al comma 3, lettera c), ovvero delle moto d'acqua di cui al comma 5, sono disciplinate dall'autorità marittima o della navigazione interna territorialmente competenti.

7. L'utilizzatore di natanti da diporto ovvero di moto d'acqua utilizzati ai fini commerciali di cui all'articolo 2, è obbligato a:

a) essere in possesso di patente nautica;

b) imbarcare un numero di persone non superiore a quello che l'unità da diporto è abilitata a trasportare;

c) imbarcare, in caso di noleggio, un numero di persone non superiore a dodici;

d) dotare l'unità da diporto dei mezzi di salvataggio e delle dotazioni di sicurezza previsti dal regolamento di attuazione del presente codice.

8. Per l'utilizzo di natanti da diporto oggetto di contratti di locazione, l'obbligo di patente nautica ricorre nei soli casi previsti dall'articolo 39 del presente codice. Nei casi in cui non ricorre l'obbligo di patente nautica e il locatario del natante da diporto non è in possesso di patente nautica, il locatore illustra e fornisce per iscritto al locatario le istruzioni essenziali per il comando dell'unità da diporto, redatte secondo lo schema-tipo stabilito dal regolamento di attuazione del presente codice.

9. Con decreto del Ministro delle infrastrutture e dei trasporti, da adottarsi entro un anno dalla data di entrata in vigore della presente disposizione, sono adottate ulteriori disposizioni su requisiti, formalità e obblighi da ottemperare per l'utilizzazione dei natanti da diporto ovvero delle moto d'acqua ai fini di locazione o di noleggio per finalità ricreative o per usi turistici di carattere locale, nonché di appoggio alle immersioni subacquee a scopo sportivo o ricreativo nelle acque marittime e interne. Per eventuali esigenze di carattere prettamente locale, non previste dal decreto di cui al primo periodo, si provvede con ordinanza dell'autorità marittima o della navigazione interna territorialmente competente, rispettivamente, per le acque marittime o per le acque interne, d'intesa con gli enti locali e sentite le associazioni nautiche nazionali maggiormente rappresentative.

Art. 27-bis
Unità da diporto a controllo remoto[79]
1. I sistemi di comando remoto delle unità da diporto a controllo remoto sono dotati di sistemi ausiliari in grado di attivarsi automaticamente in caso di avaria o di malfunzionamento dei sistemi di comando remoto principali, nonché di sistemi di condotta di bordo.
2. Per ragioni di sicurezza della navigazione, di salvaguardia della vita umana in mare e di salvataggio marittimo, il proprietario o l'armatore delle unità da diporto a controllo remoto può imbarcare a bordo propri incaricati che intervengono in caso di pericolo o di necessità.
3. Chiunque esercita il controllo remoto delle unità di cui al presente articolo ne assume e mantiene il comando e, nei casi previsti dall'articolo 39, è in possesso di patente nautica.

Art. 28.
Potenza dei motori
1. Per potenza del motore si intende la potenza massima di esercizio come definita dalla norma armonizzata EN/ISO 8665.
2. Per ogni singolo motore il fabbricante o il rappresentante autorizzato o l'importatore di cui all'articolo 3, comma 1, lettera v), del decreto legislativo 11 gennaio 2016, n. 5, rilascia la dichiarazione di potenza su modulo conforme al modello approvato dal Ministero delle infrastrutture e dei trasporti.[80]
3. La dichiarazione di potenza del motore fa parte dei documenti di bordo.

Art. 29.
Apparati ricetrasmittenti di bordo e dotazioni di sicurezza[81]
1. Su tutte le unità da diporto con scafo di lunghezza superiore ai ventiquattro metri è fatto obbligo di installare un impianto ricetrasmittente in radiotelefonia, ad onde ettometriche, secondo le norme stabilite dall'autorità competente.
2. A tutte le unità da diporto con scafo di lunghezza pari o inferiore a ventiquattro metri, che navigano a distanza superiore alle sei miglia dalla costa, è fatto obbligo di essere dotate almeno di un apparato ricetrasmittente ad onde metriche (VHF), anche portatile, secondo le norme stabilite dall'autorità competente.
3. Tutti gli apparati ricetrasmittenti a bordo delle unità da diporto, conformi alla normativa vigente, sono esonerati dal collaudo e dalle ispezioni

---

[79] Aggiunto dal Decreto Legislativo 12 novembre 2020, n. 160.
[80] Comma così modificato dall'art. 21, comma 1, D. Lgs. 3 novembre 2017, n. 229.
[81] Rubrica così modificata dall'art. 22, comma 1, lett. a), D. Lgs. 3 novembre 2017, n. 229.

ordinarie, salvo l'obbligo di collaudo per le stazioni radioelettriche per mezzo delle quali è effettuato il servizio di corrispondenza pubblica. Il costruttore, o un suo legale rappresentante, rilascia una dichiarazione attestante la conformità dell'apparato alla normativa vigente ovvero, se trattasi di unità proveniente da uno Stato non comunitario, alle norme di uno degli Stati membri dell'Unione europea o dello spazio economico europeo. Gli apparati sprovvisti della certificazione di conformità sono soggetti al collaudo da parte dell'autorità competente.

4. L'istanza per il rilascio della licenza di esercizio dell'apparato radiotelefonico, rivolta all'autorità competente e corredata della dichiarazione di conformità, è presentata allo Sportello telematico del diportista (STED), che provvede:[82]

a) all'assegnazione del nominativo internazionale;

b) al rilascio della licenza provvisoria di esercizio;

c) alla trasmissione all'autorità competente della documentazione per il rilascio della licenza definitiva di esercizio.

5. La licenza provvisoria di esercizio resta valida fino al rilascio della licenza definitiva; la licenza è riferita all'apparato radiotelefonico di bordo ed è sostituita solo in caso di sostituzione dell'apparato stesso.

6. La domanda per il rilascio della licenza di esercizio dell'apparato radiotelefonico installato a bordo dei natanti, corredata della dichiarazione di conformità, è presentata all'ispettorato territoriale del Ministero dello sviluppo economico avente giurisdizione sul luogo in cui il richiedente ha la propria residenza. Il medesimo ispettorato provvede ad assegnare un indicativo di chiamata di identificazione, valido indipendentemente dall'unità su cui l'apparato viene installato, e a rilasciare, entro quarantacinque giorni, la licenza di esercizio. Per i natanti da diporto, il rilascio della licenza di esercizio non è subordinato ad alcun esame.[83]

7. Gli apparati ricetrasmittenti installati a bordo delle unità da diporto che non effettuano traffico di corrispondenza pubblica non sono soggetti all'obbligo di affidamento della gestione ad una società concessionaria e di corresponsione del relativo canone.

8. I contratti per l'esercizio di apparati radioelettrici stipulati con le società concessionarie possono essere disdettati alla scadenza nei termini stabiliti. Copia della disdetta è inviata all'autorità competente, unitamente ad una dichiarazione sostitutiva di atto di notorietà attestante l'assunzione di responsabilità della funzionalità dell'apparato e l'impegno ad utilizzare l'apparato stesso ai soli fini di emergenza e per la sicurezza della navigazione.

---

[82] Capoverso così modificato dall'art. 22, comma 1, lett. b), D. Lgs. 3 novembre 2017, n. 229.

[83] Comma così modificato dall'art. 22, comma 1, lett. c) e d), D. Lgs. 3 novembre 2017, n. 229.

9. La licenza di esercizio, rilasciata per il traffico di corrispondenza, ha validità anche per l'impiego dell'apparato ai fini della sicurezza della navigazione.

10. Il Ministero dello sviluppo economico, di concerto con il Ministero delle infrastrutture e dei trasporti, può disporre, quando lo ritenga opportuno o su richiesta degli organi dell'amministrazione, ispezioni e controlli presso i costruttori, gli importatori, i distributori e gli utenti.[84]

11. Per le imbarcazioni e le navi da diporto in navigazione oltre le dodici miglia dalla costa è altresì obbligatoria l'installazione a bordo di un apparato elettronico per la rilevazione satellitare, o con apparato equivalente, della posizione[85].

11-bis. Il comandante[86] dell'unità da diporto è responsabile degli obblighi di cui ai commi 1, 2 e 11 e di quelli previsti dal regolamento di attuazione del presente codice relativi al corretto utilizzo degli impianti e apparati ricetrasmittenti di bordo.[87]

11-ter. Con il regolamento di attuazione del presente codice sono stabilite per le unità da diporto, incluse le navi di cui all'articolo 3 della legge 8 luglio 2003, n. 172, che navigano nelle acque marittime e interne, le condizioni per il rilascio delle certificazioni di sicurezza e l'individuazione dei mezzi di salvataggio, nonché le dotazioni di sicurezza minime che devono essere tenute a bordo, ivi compresi gli apparati ricetrasmittenti adeguati all'innovazione tecnologica.[88]

Art. 30.
Manifestazioni sportive

1. In occasione di manifestazioni sportive, preventivamente comunicate alle autorità competenti, organizzate dalle federazioni sportive nazionali e internazionali o da organizzazioni da esse riconosciute, le imbarcazioni da diporto, anche se non iscritte nei nell'Archivio telematico centrale delle unità da diporto (ATCN), ed i natanti ammessi a parteciparvi possono navigare senza alcun limite di distanza dalla costa.[89]

2. Le stesse deroghe sono estese anche alle imbarcazioni ed ai natanti di cui al comma 1 durante gli allenamenti ad eccezione dei natanti di cui al comma 3, lettera c), dell'articolo 27, per i quali è necessaria apposita autorizzazione rilasciata dall'autorità marittima, nonché alle imbarcazioni e

---

[84] Comma così modificato dall'art. 22, comma 1, lett. c), D. Lgs. 3 novembre 2017, n. 229.

[85] Così modificato dal Decreto Legislativo 12 novembre 2020, n. 160.

[86] Così modificato dal Decreto Legislativo 12 novembre 2020, n. 160.

[87] Comma così modificato dall'art. 22, comma 1, lett. c), D. Lgs. 3 novembre 2017, n. 229.

[88] Comma aggiunto dall'art. 22, comma 1, lett. e), D. Lgs. 3 novembre 2017, n. 229.

[89] Comma così modificato dall'art. 23, comma 1, D. Lgs. 3 novembre 2017, n. 229.

ai natanti che partecipano a manifestazioni organizzate dalla Federazione italiana vela e dalla Lega navale italiana.

3. Nel corso degli allenamenti deve essere tenuta a bordo una dichiarazione del circolo di appartenenza, con validità non superiore al trimestre, vistata dall'autorità competente nel cui ambito territoriale si trovi la sede del circolo, da cui risulti che l'unità è destinata ad attività agonistica e che si trova in allenamento con un determinato equipaggio.

4. Nelle manifestazioni sportive e negli allenamenti suddetti devono essere osservati i regolamenti per l'organizzazione dell'attività sportiva delle federazioni di cui al comma 1.

Art. 31.
Navigazione temporanea

1. Per navigazione temporanea si intende quella effettuata alla scopo di:

a) verificare l'efficienza degli scafi o dei motori;

b) presentare unità da diporto al pubblico o ai singoli interessati all'acquisto;[90]

c) trasferire unità da diporto da un luogo all'altro anche per la partecipazione a fiere, saloni e altri eventi espositivi, anche all'estero.[91]

2. Lo Sportello telematico del diportista (STED) rilascia» e dopo le parole: «motori marini» sono inserite le seguenti: «, ai mediatori del diporto, alle aziende di assemblaggio e di allestimento di unità da diporto ai cantieri navali, ai costruttori di motori marini e alle aziende di vendita le autorizzazioni alla navigazione temporanea per le unità da diporto, non abilitate e non munite dei prescritti documenti ovvero abilitate e provviste di documenti di bordo ed a loro affidate in conto vendita o per riparazioni ed assistenza.[92]

3. La navigazione temporanea è effettuata sotto la responsabilità del titolare dell'autorizzazione.

4. L'atto di autorizzazione vale come documento di bordo ed abilita alla navigazione nei limiti consentiti dalle caratteristiche di costruzione dell'unità da diporto. L'atto di autorizzazione abilita anche alla navigazione in acque territoriali straniere per il periodo di tempo necessario alla partecipazione a fiere, saloni e altri eventi espositivi.[93]

---

[90] Lettera così modificata dall'art. 24, comma 1, lett. a), D. Lgs. 3 novembre 2017, n. 229.

[91] Lettera così modificata dall'art. 24, comma 1, lett. a), D. Lgs. 3 novembre 2017, n. 229.

[92] Comma così modificato dall'art. 24, comma 1, lett. b), D. Lgs. 3 novembre 2017, n. 229.

[93] Comma così modificato dall'art. 24, comma 1, lett. c), D. Lgs. 3 novembre 2017, n. 229.

4-bis. L'autorizzazione di cui al comma 2 è rinnovabile ogni due anni con annotazione sull'originale e riporta l'annotazione delle attività commerciali di cui al comma 1.[94]

5. L'unità da diporto che fruisce di tale autorizzazione deve essere comandata dal titolare o da persona che abbia un contratto di lavoro con il soggetto intestatario dell'autorizzazione medesima abilitati, se richiesto, al comando di quella unità.

6. Le unità che effettuano la navigazione temporanea debbono essere munite delle dotazioni di sicurezza necessarie per il tipo di navigazione effettuata e per garantire la sicurezza delle persone presenti a bordo, sotto la responsabilità del soggetto intestatario dell'autorizzazione. In tali casi, è richiesto il solo requisito del possesso della patente nautica di cui all'articolo 39 del presente codice, in deroga alle disposizioni recanti l'istituzione e la disciplina dei titoli professionali del diporto.[95]

6-bis. In caso di esecuzione di prove a mare per verificare l'efficienza di scafi o motori e qualora si tratti di unità da diporto di lunghezza superiore a ventiquattro metri, il titolare dell'autorizzazione provvede, con oneri a proprio carico, a garantire la presenza a bordo di una persona in possesso del certificato "First Aid" ovvero di quello "Medical care", a seconda che l'unità sia rispettivamente in grado di raggiungere o meno una postazione medica entro tre ore di navigazione.[96]

Art. 32.
Autorizzazione alla navigazione temporanea

1. L'autorizzazione alla navigazione temporanea è rilasciata, anche in lingua inglese se richiesto, previa presentazione dei seguenti documenti:[97]

a) copia della polizza di assicurazione per la responsabilità civile nei confronti di terzi e delle persone trasportate;

b) certificato d'iscrizione alla camera di commercio, industria, artigianato e agricoltura del soggetto richiedente o dichiarazione sostitutiva di certificazione, da cui risulti la specifica attività, di cui all'articolo 31, comma 2, del presente codice.[98]

[2. L'autorizzazione è rinnovabile ogni due anni con annotazione sul documento originale.[99]]

---

[94] Comma inserito dall'art. 24, comma 1, lett. d), D. Lgs. 3 novembre 2017, n. 229.

[95] Comma così modificato dall'art. 24, comma 1, lett. e), D. Lgs. 3 novembre 2017, n. 229.

[96] Comma aggiunto dall'art. 24, comma 1, lett. f), D. Lgs. 3 novembre 2017, n. 229.

[97] Capoverso così modificato dall'art. 25, comma 1, lett. a), D. Lgs. 3 novembre 2017, n. 229.

[98] Comma così modificato dall'art. 25, comma 1, lett. a), D. Lgs. 3 novembre 2017, n. 229.

[99] Comma abrogato dall'art. 25, comma 1, lett. b), D. Lgs. 3 novembre 2017, n. 229.

Art. 33.
Condizioni per la navigazione temporanea[100]

[1. Le unità che effettuano la navigazione temporanea debbono essere munite delle dotazioni di sicurezza necessarie per il tipo di navigazione effettuata e per garantire la sicurezza delle persone presenti a bordo, sotto la responsabilità del soggetto intestatario dell'autorizzazione.

2. Il numero delle persone imbarcate durante la navigazione non deve essere superiore a quello consentito dalle caratteristiche dell'unità.]

Capo III
Persone trasportabili ed equipaggio

Art. 34.
Numero massimo delle persone trasportabili sulle unità da diporto

1. Per le navi e le imbarcazioni da diporto, l'autorità che rilascia la licenza di navigazione annota sulla stessa il numero massimo delle persone trasportabili sulla base dei dati riportati nella documentazione tecnica presentata.

2. In caso di imbarcazioni da diporto aventi più categorie di progettazione il numero massimo delle persone trasportabili è quello previsto dal costruttore per la categoria di progettazione corrispondente alla specie di navigazione effettuata.

3. Per i natanti da diporto il numero massimo delle persone trasportabili è documentato come segue:

a) per le unità munite di marcatura CE, dalla targhetta del costruttore e dal manuale del proprietario, di cui ai punti 2.2 e 2.5 dell'allegato II;

b) per le unità non munite di marcatura CE:

1) se omologate, da copia del certificato di omologazione e dalla dichiarazione di conformità del costruttore;

2) se non omologate, ai sensi del regolamento di cui all'articolo 65.

Art. 35.
Numero minimo dei componenti dell'equipaggio delle unità da diporto

1. E' responsabilità del comandante o del conduttore dell'unità da diporto verificare prima della partenza la presenza a bordo di personale qualificato e sufficiente per formare l'equipaggio necessario per affrontare la navigazione che intende intraprendere, anche in relazione alle condizioni meteo-marine previste e alla distanza da porti sicuri.

---

[100] Articolo abrogato dall'art. 26, comma 1, D. Lgs. 3 novembre 2017, n. 229.

Art. 36.
Servizi di bordo delle navi e delle imbarcazioni da diporto

1. A giudizio del comandante o del conduttore i servizi di bordo delle imbarcazioni da diporto possono essere svolti anche dalle persone imbarcate in qualità di ospiti, purché abbiano compiuto il sedicesimo anno di età per i servizi di coperta, camera e cucina e il diciottesimo anno di età per i servizi di macchina.

2. I servizi di bordo delle navi da diporto sono svolti dal personale iscritto nelle matricole della gente di mare e della navigazione interna.

3. I servizi complementari di bordo, di camera e di cucina possono essere svolti dalle persone imbarcate sulle navi da diporto in qualità di ospiti, purché abbiano compiuto il sedicesimo anno di età.

4. Al personale appartenente alla gente di mare ed a quello della navigazione interna che presti servizio a bordo di imbarcazioni o di navi da diporto avvalendosi della patente nautica, non è riconosciuta la navigazione compiuta solo agli effetti professionali previsti dal codice della navigazione e dai relativi regolamenti di esecuzione.

Art. 36-bis.
Titoli professionali del diporto[101]

1. E' istituito il seguente titolo professionale del diporto per lo svolgimento dei servizi di coperta: ufficiale di navigazione del diporto di 2a classe.

2. Con decreto, ai sensi dell'articolo 17, comma 3, della legge 23 agosto 1988, n. 400, il Ministro delle infrastrutture e dei trasporti, sentito il Ministro dell'istruzione, dell'università e della ricerca, modifica la disciplina prevista dal regolamento di cui all'articolo 2, comma 3, della legge 8 luglio 2003, n. 172, al fine di individuare i requisiti per lo svolgimento dei servizi di coperta della nautica da diporto e di assicurare piena compatibilità dei titoli professionali del diporto con le innovazioni introdotte dal presente articolo.

Art. 37.
Servizi di bordo delle imbarcazioni e delle navi da diporto adibite a noleggio

1. Con decreto del Ministro delle infrastrutture e dei trasporti, di concerto con il Ministro del lavoro e delle politiche sociali, adottato ai sensi dell'articolo 17, comma 3, della legge 23 agosto 1988, n. 400, entro novanta giorni dalla data di entrata in vigore del presente decreto legislativo, sono stabiliti i titoli e le qualifiche professionali per lo svolgimento dei servizi di bordo di imbarcazioni e navi da diporto impiegate in attività di noleggio.

---

[101] Articolo inserito dall'art. 27, comma 1, D. Lgs. 3 novembre 2017, n. 229.

Art. 38.
Ruolino di equipaggio

1. Qualora si intenda imbarcare sulle unità da diporto, anche utilizzate a fini commerciali, nonché sulle navi destinate esclusivamente al noleggio per finalità turistiche[102], quali membri dell'equipaggio, marittimi iscritti nelle matricole della gente di mare o della navigazione interna, deve essere preventivamente richiesto dal proprietario o dall'armatore all'autorità competente apposito documento, redatto in conformità al modello approvato con decreto del Ministro delle infrastrutture e dei trasporti ai fini dell'iscrizione dei nominativi del personale marittimo imbarcato e per gli altri dati indicati nello stesso documento.[103]

1-bis. Per i marittimi imbarcati sulle imbarcazioni e sulle navi da diporto oggetto di contratti di noleggio, nonché sulle navi destinate esclusivamente al noleggio per finalità turistiche, appartenenti al medesimo armatore è consentita la rotazione sulle predette unità senza la prevista annotazione di imbarco e sbarco. In tale caso è fatto obbligo all'armatore di comunicare, nello stesso giorno in cui avviene la predetta rotazione, all'autorità marittima o della navigazione interna competente la composizione effettiva dell'equipaggio di ciascuna unità.[104]

Capo IV
Patenti nautiche[105]

Art. 39.
Patente nautica

1. La patente nautica per unità da diporto di lunghezza non superiore a ventiquattro metri è obbligatoria nei seguenti casi, in relazione alla navigazione effettivamente svolta:

a) per la navigazione oltre le sei miglia dalla costa o, comunque, su moto d'acqua;

b) per la navigazione nelle acque interne e per la navigazione nelle acque marittime entro sei miglia dalla costa, quando a bordo dell'unità è installato un motore di cilindrata superiore a 750 cc se a carburazione o iniezione a due tempi, o a 1.000 cc se a carburazione o a iniezione a quattro tempi fuori bordo, o a 1.300 cc se a carburazione o a iniezione a quattro tempi entro bordo, o a 2.000 cc se a ciclo diesel non sovralimentato, o a 1.300 cc se a

---

[102] Così modificato dal Decreto Legislativo 12 novembre 2020, n. 160.
[103] Comma così modificato dall'art. 28, comma 1, lett. a), D. Lgs. 3 novembre 2017, n. 229.
[104] Così modificato dal Decreto Legislativo 12 novembre 2020, n. 160.
[105] Rubrica così sostituita dall'art. 29, comma 1, D. Lgs. 3 novembre 2017, n. 229.

ciclo diesel sovralimentato, comunque con potenza superiore a 30 kW o a 40,8 CV.[106]

2. Chi assume il comando di una unità da diporto di lunghezza superiore ai ventiquattro metri, deve essere in possesso della patente per nave da diporto.

3. Per il comando e la condotta delle unità da diporto di lunghezza pari o inferiore a ventiquattro metri, che navigano entro sei miglia dalla costa e a bordo delle quali è installato un motore di potenza e cilindrata inferiori a quelle indicate al comma 1, lettera b), è richiesto il possesso dei seguenti requisiti, senza obbligo di patente:

a) aver compiuto diciotto anni di età, per le imbarcazioni;

b) aver compiuto sedici anni di età, per i natanti;

c) aver compiuto quattordici anni di età, per i natanti a vela con superficie velica superiore a quattro metri quadrati nonché per le unità a remi che navigano oltre un miglio dalla costa.

4. Si prescinde dai requisiti di età di cui al comma 3, per la partecipazione all'attività di istruzione svolta dalle scuole dì avviamento agli sport nautici gestite dalle federazioni nazionali e dalla Lega navale italiana, ai relativi allenamenti ed attività agonistica, a condizione che le attività stesse si svolgano sotto la responsabilità delle scuole ed i partecipanti siano coperti dall'assicurazione per responsabilità civile per i danni causati alle persone imbarcate ed a terzi.

5. I motoscafi ad uso privato di cui al regio decreto-legge 9 maggio 1932, n. 813, convertito dalla legge 20 dicembre 1932, n. 1884, sono equiparati, ai fini dell'abilitazione al comando, alle unità da diporto.

6. La patente nautica si distingue nelle seguenti categorie:

a) Categoria A: abilitazione al comando di natanti, imbarcazioni da diporto e moto d'acqua;

b) Categoria B: abilitazione al comando di navi da diporto;

c) Categoria C: abilitazione alla direzione nautica di natanti e imbarcazioni da diporto;

d) Categoria D: abilitazione speciale al comando di natanti e imbarcazioni da diporto e moto d'acqua.[107]

6-bis. Per le patenti nautiche di categoria A, B e C possono essere indicate anche prescrizioni, relative alla durata della loro validità, conseguenti all'esito degli accertamenti medici di idoneità psichica e fisica in sede di rilascio, convalida o revisione. Per le patenti nautiche di categoria D possono essere indicate anche limitazioni relative alla tipologia di unità da diporto, alle caratteristiche dello scafo, alla potenza dei motori installati, ai

---

[106] Lettera così sostituita dall'art. 29, comma 2, lett. a), D.Lgs. 3 novembre 2017, n. 229.
[107] Così modificato dal Decreto Legislativo 12 novembre 2020, n. 160.

limiti di navigazione, anche entro specifiche distanze dalla costa e alle condizioni meteomarine. Per le patenti nautiche di categoria D possono essere indicate anche limitazioni alla durata della loro validità, nonché prescrizioni relative all'utilizzo di specifici adattamenti o all'avvalimento di assistenti o mediatori in rapporto allo specifico deficit, oltre alle limitazioni espresse nel periodo precedente, conseguenti all'esito degli accertamenti medici di idoneità psichica e fisica in sede di rilascio, convalida o revisione. Le limitazioni e le prescrizioni sono riportate sulla patente nautica, utilizzando i codici comunitari armonizzati, ovvero i codici nazionali stabiliti dal Dipartimento per i trasporti, la navigazione, gli affari generali ed il personale del Ministero delle infrastrutture e dei trasporti. Con il regolamento di attuazione del presente codice, adottato anche di concerto con il Ministro della salute, sono stabiliti i requisiti psico-fisici, per il conseguimento e il rinnovo delle patenti nautiche A, B, C e D. Con il medesimo regolamento sono stabiliti i requisiti psico-fisici per il rilascio e il rinnovo delle patenti nautiche A, B e C anche a persone con disabilità motoria e sensoriale.[108]

6-ter. Le patenti nautiche di Categoria A e B sono conseguite senza esami da:

a) gli ufficiali della Marina militare del Corpo di stato maggiore e del Corpo delle capitanerie di porto in servizio permanente;

b) gli ufficiali del Corpo della Guardia di finanza in possesso di specializzazione di comandante di unità navale rilasciata dai comandi della Guardia di finanza;

c) i sottufficiali delle Forze armate, incluso il Corpo delle capitanerie di porto, e delle Forze di polizia in possesso di abilitazione alla condotta di unità navali d'altura o del brevetto per la condotta di mezzi navali della Marina militare senza alcun limite dalla costa o dalla unità madre rilasciati dalla Marina militare che abbiano comandato tale tipo di unità per almeno dodici mesi.[109]

6-quater. La patente nautica di Categoria A è conseguita senza esami dal personale delle Forze armate, delle Forze di polizia e del Corpo nazionale dei vigili del fuoco, in servizio permanente o ufficiale ausiliario o volontario di truppa in ferma breve o prefissata, abilitato al comando navale ed alla condotta dei mezzi nautici da parte della Marina militare, secondo i criteri stabiliti dal regolamento di attuazione del presente codice. La stessa patente può essere conseguita senza esami dal personale militare della Guardia di finanza in servizio permanente o in ferma volontaria, in possesso di abilitazione al comando di unità navale rilasciata dai comandi

---

[108] Così modificato dal Decreto Legislativo 12 novembre 2020, n. 160.
[109] Comma aggiunto dall'art. 29, comma 2, lett. c), D. Lgs. 3 novembre 2017, n. 229.

della Guardia di finanza, secondo i criteri stabiliti dal regolamento di attuazione del presente codice.[110]

6-quinquies. La facoltà di cui ai commi 6-ter e 6-quater è esercitata entro un anno dalla cessazione dal servizio, fermo il possesso dei requisiti fisici, psichici e morali previsti dal regolamento di attuazione al presente codice.[111]

Art. 39-bis.
Anagrafe nazionale delle patenti nautiche[112]

1. Per finalità di sicurezza della navigazione e di salvaguardia della vita umana in mare, di prevenzione e repressione dei reati compiuti tramite l'uso di unità da diporto, di ottimizzazione dell'azione amministrativa e per disporre di dati completi e aggiornati sull'utenza diportistica, anche a favore di altre Amministrazioni, presso il Ministero delle infrastrutture e dei trasporti è istituita l'anagrafe nazionale delle patenti nautiche nel rispetto delle disposizioni del decreto legislativo 7 marzo 2005, n. 82 e delle regole tecniche adottate ai sensi dell'articolo 71 dello stesso codice.

2. Nell'anagrafe nazionale di cui al comma 1 devono essere indicati per ogni intestatario di patente nautica:

a) i dati anagrafici e le loro variazioni dei titolari di patente nautica;

b) i dati relativi al procedimento di rilascio delle patenti nautiche e, per ognuna di esse, quelli relativi ai procedimenti amministrativi successivi, come quelli di rinnovo, di sospensione e di revoca,

b-bis) le limitazioni e le prescrizioni di cui all'articolo 39, comma 6-bis;

c) i dati relativi alle violazioni di norme previste dal presente codice, dal relativo regolamento di attuazione o da altri leggi o regolamenti applicabili in materia, che comportano l'irrogazione di sanzioni amministrative accessorie, anche per effetto di recidive;

d) i dati relativi a sinistri marittimi, in cui il titolare è stato coinvolto con addebito di responsabilità, che hanno comportato l'irrogazione di sanzioni amministrative accessorie o l'emanazione di sentenza penale di condanna passata in giudicato, parimenti annotate in anagrafe.

3. L'anagrafe di cui al comma 1 è completamente informatizzata ed è popolata e aggiornata con i dati raccolti dal Dipartimento per i trasporli, la navigazione, gli affari generali e il personale, forniti dalle Capitanerie di porto, dagli Uffici circondariali marittimi e dagli Uffici della motorizzazione civile, dagli organi accertatori di cui al comma 4, lettera b) e c), dalle compagnie di assicurazione con riferimento ai certificati di

---

[110] Comma aggiunto dall'art. 29, comma 2, lett. c), D. Lgs. 3 novembre 2017, n. 229.
[111] Comma aggiunto dall'art. 29, comma 2, lett. c), D. Lgs. 3 novembre 2017, n. 229.
[112] Così modificato dal Decreto Legislativo 12 novembre 2020, n. 160.

assicurazione rilasciati, che sono tenuti a trasmettere i dati al Centro elaborazione dati della Direzione generale per la motorizzazione del Dipartimento per i trasporli, la navigazione, gli affari generali e il personale del Ministero delle infrastrutture e del trasporti.

3-bis. L'annotazione del cambiamento della residenza del titolare della patente nautica è effettuata dal Centro elaborazione dati (CED) del Ministero delle infrastrutture e dei trasporti, che aggiorna il dato nell'anagrafe nazionale delle patenti nautiche. A tal fine, il Ministero dell'interno rende disponibili, secondo le modalità di cui al decreto del Presidente del Consiglio dei ministri previsto dall'articolo 62, comma 6, del decreto legislativo 7 marzo 2005, n. 82, i dati dell'Anagrafe nazionale della popolazione residente (ANPR), istituita presso il medesimo Ministero ai sensi del citato articolo 62.

4. L'accesso ai dati contenuti nell'anagrafe nazionale delle patenti nautiche è consentito:

a) alle autorità pubbliche individuate dagli articoli 1 e 3, comma 1, lettera a), del decreto del Presidente della Repubblica 28 settembre 1994, n. 634, secondo i criteri e le modalità dallo stesso disciplinate;

b) agli ufficiali e agenti di polizia giudiziaria appartenenti alle Forze di polizia di cui all'articolo 16 della legge 1 aprile 1981, n. 121, nonché agli ufficiali di pubblica sicurezza, per il tramite del centro elaborazione dati di cui all'articolo 8 della medesima legge;

e) agli ufficiali e agenti di polizia giudiziaria appartenenti al Corpo delle Capitanerie di porto.

5. Con decreto del Ministro delle infrastrutture e dei trasporti, di concerto con i Ministri dell'interno, per l'innovazione tecnologica e la digitalizzazione e per la pubblica amministrazione, ai sensi dell'articolo 17, comma 3, della legge 23 agosto 1988, n. 400, previa acquisizione del parere del Garante per la protezione dei dati personali ai sensi dell'articolo 36, paragrafo 4, del regolamento (UE) 2016/679 del Parlamento europeo e del Consiglio, del 27 aprile 2016, da adottare entro dodici mesi dalla data di entrata in vigore della presente disposizione, sono stabiliti l'organizzazione e il funzionamento dell'anagrafe nazionale delle patenti nautiche, i tipi di dati trattati, le operazioni eseguibili, il motivo di interesse pubblico rilevante e le misure di tutela per gli interessati, assicurando la protezione dei dati personali per i diritti e le libertà degli interessati attraverso misure di garanzia appropriate e specifiche e prevedendo idonee misure tecniche di sicurezza, nonché le modalità di accesso e le modalità e i tempi per la trasmissione dei dati da parte dei soggetti di cui al comma 3.

Capo V
Responsabilità derivante dalla circolazione delle unità da diporto

Art. 40.
Responsabilità civile
1. La responsabilità civile verso i terzi derivante dalla circolazione delle unità da diporto, come definite dall'articolo 3, è regolata dall'articolo 2054 del codice civile e si applica la prescrizione stabilita dall'articolo 2947, comma 2, dello stesso codice.
2. Ai fini dell'applicazione dell'articolo 2054, comma 3, del codice civile il locatario dell'unità da diporto è responsabile in solido con il proprietario e, in caso di locazione finanziaria, l'utilizzatore dell'unità da diporto è responsabile in solido con il conducente in vece del proprietario.

Art. 41.
Assicurazione obbligatoria
1. Le disposizioni del decreto legislativo 7 settembre 2005, n. 209, e successive modificazioni si applicano alle unità da diporto come definite dall'articolo 3, con esclusione delle unità a remi e a vela non dotate di motore ausiliario.[113]
2. Le disposizioni del decreto legislativo 7 settembre 2005, n. 209, e successive modificazioni, si applicano ai motori amovibili di qualsiasi potenza, indipendentemente dall'unità sulla quale vengono applicati.[114]
3. L'articolo 125 del decreto legislativo 7 settembre 2005, n. 209, si applica anche ai motori muniti di certificato di uso straniero o di altro documento equivalente emesso all'estero, che siano impiegati nelle acque territoriali nazionali.[115]
3-bis. Le disposizioni di cui ai commi 1, 2 e 3 si applicano alle unità da diporto utilizzate a fini commerciali di cui all'articolo 2 del presente codice, con l'obbligo di assicurazione della responsabilità per danni riportati dal conduttore e dalle persone trasportate.[116]

---

[113] Comma così modificato dall'art. 31, comma 1, lett. a), D. Lgs. 3 novembre 2017, n. 229.
[114] Comma così modificato dall'art. 31, comma 1, lett. a), D. Lgs. 3 novembre 2017, n. 229.
[115] Comma così modificato dall'art. 31, comma 1, lett. b), D. Lgs. 3 novembre 2017, n. 229.
[116] Comma aggiunto dall'art. 31, comma 1, lett. c), D. Lgs. 3 novembre 2017, n. 229.

Titolo III
DISPOSIZIONI SPECIALI SUI CONTRATTI DI UTILIZZAZIONE DELLE UNITA' DA DIPORTO

Capo I
Locazione di unità da diporto

Art. 42.
Locazione e forma del contratto

1. La locazione di unità da diporto è il contratto con il quale una delle parti si obbliga verso corrispettivo a cedere il godimento dell'unità da diporto per un periodo di tempo determinato.

2. Con l'unità da diporto locata, il conduttore esercita la navigazione e ne assume la responsabilità ed i rischi.

3. Il contratto di locazione delle imbarcazioni e delle navi da diporto è redatto per iscritto a pena di nullità ed è tenuto a bordo in originale o copia conforme.

4. La forma del contratto di sublocazione o di quello di cessione è regolata dal comma 3.

Art. 43.
Scadenza del contratto

1. Salvo espresso consenso del locatore, il contratto non s'intende rinnovato ancorché, spirato il termine stabilito, il conduttore conservi la detenzione dell'unità da diporto.

2. Salvo diversa volontà delle parti, nel caso di ritardo nella riconsegna per fatto del conduttore per un periodo non eccedente la decima parte della durata del contratto di locazione, non si fa luogo a liquidazione di danni ma al locatore, per il periodo di tempo eccedente la durata del contratto, è dovuto un corrispettivo in misura doppia di quella stabilita nel contratto stesso.

Art. 44.
Prescrizione

1. I diritti derivanti dal contratto di locazione si prescrivono col decorso di un anno. Il termine decorre dalla scadenza del contratto o, nel caso di cui al comma 2 dell'articolo 43, dalla riconsegna dell'unità.

Art. 45.
Obblighi del locatore

1. Il locatore è tenuto a consegnare l'unità da diporto, con le relative pertinenze, in perfetta efficienza, completa di tutte le dotazioni di sicurezza,

munita dei documenti necessari per la navigazione e coperta dall'assicurazione di cui alla legge 24 dicembre 1969, n. 990, e successive modificazioni.

Art. 46.
Obblighi del conduttore
1. Il conduttore è tenuto ad usare l'unità da diporto secondo le caratteristiche tecniche risultanti dalla licenza di navigazione e in conformità alle finalità di diporto.

Capo II
Noleggio

Art. 47.
Noleggio di unità da diporto[117]
1. Il noleggio di unità da diporto è il contratto con cui il noleggiante, in corrispettivo del nolo pattuito, si obbliga a mettere a disposizione dell'altra parte, noleggiatore oppure più noleggiatori a cabina, rispettivamente, l'unità da diporto o parte di essa per un determinato periodo da trascorrere a scopo ricreativo in zone marine o acque interne di sua scelta, da fermo o in navigazione, alle condizioni stabilite dal contratto. L'unità noleggiata rimane nella disponibilità del noleggiante, alle cui dipendenze resta anche l'equipaggio.
2. Il contratto di noleggio non può avere ad oggetto l'attività di collegamento di linea ad orari prestabiliti tra due o più località predefinite.
3. Il contratto di noleggio o di subnoleggio delle imbarcazioni e delle navi da diporto è redatto per iscritto a pena di nullità e deve essere tenuto a bordo in originale o copia conforme.
4. Nel caso di noleggio a cabina, salva diversa volontà delle parti, sono stipulati più contratti di noleggio per quanti sono i noleggiatori di ogni cabina o gruppo di cabine oggetto dei contratti stessi. In ogni caso, nei contratti è riportata l'indicazione del numero delle persone da imbarcare.

Art. 48.
Obblighi del noleggiante
1. Il noleggiante è obbligato a mettere a disposizione l'unità da diporto in perfetta efficienza, armata ed equipaggiata convenientemente, completa di tutte le dotazioni di sicurezza, munita dei prescritti documenti e coperta dall'assicurazione di cui alla legge 24 dicembre 1969, n. 990, e successive modificazioni, estesa in favore del noleggiatore o dei noleggiatori a

---

[117] Così modificato dal Decreto Legislativo 12 novembre 2020, n. 160.

cabina[118] e dei passeggeri per gli infortuni e i danni subiti in occasione o in dipendenza del contratto di noleggio, in conformità alle disposizioni ed ai massimali previsti per la responsabilità civile.

Art. 49.
Obblighi del noleggiatore
1. Nel noleggio di unità da diporto, salvo che sia stato diversamente pattuito, il noleggiatore provvede al combustibile, all'acqua ed ai lubrificanti necessari per il funzionamento dell'apparato motore e degli impianti ausiliari di bordo, per la durata del contratto.
1-bis. Nel caso di noleggio a cabina, salvo che sia stato diversamente pattuito, i noleggiatori provvedono a quanto previsto nel comma 1 secondo le quote stabilite nel contratto[119].

Art. 49-bis.
Noleggio occasionale
1. Al fine di incentivare la nautica da diporto e il turismo nautico, il proprietario persona fisica o società non avente come oggetto sociale il noleggio o la locazione, ovvero l'utilizzatore a titolo di locazione finanziaria, di imbarcazioni e navi da diporto di cui all'articolo 3, comma 1, iscritte nei registri nazionali, può effettuare, in forma occasionale, attività di noleggio della predetta unità. Tale forma di noleggio non costituisce uso commerciale dell'unità.[120]
2. Il comando e la condotta dell'imbarcazione da diporto possono essere assunti dal titolare, dall'utilizzatore a titolo di locazione finanziaria dell'imbarcazione ovvero attraverso l'utilizzazione di altro personale, con il solo requisito del possesso da almeno tre anni[121] della patente nautica di cui all'articolo 39 del presente codice, in deroga alle disposizioni recanti l'istituzione e la disciplina dei titoli professionali del diporto. Nel caso di navi da diporto, in luogo della patente nautica, il conduttore deve essere munito di titolo professionale del diporto. Qualora sia utilizzato personale diverso, le relative prestazioni di lavoro si intendono comprese tra le prestazioni occasionali di tipo accessorio di cui all'articolo 70, comma 1, del decreto legislativo 10 settembre 2003, n. 276, e ad esse si applicano le disposizioni di cui all'articolo 72 del citato decreto legislativo n. 276 del 2003.

---

[118] Così modificato dal Decreto Legislativo 12 novembre 2020, n. 160.
[119] Aggiunto dal Decreto Legislativo 12 novembre 2020, n. 160.
[120] Comma modificato dall'art. 32, comma 1, lett. a), D. Lgs. 3 novembre 2017, n. 229.
[121] Così modificato dal Decreto Legislativo 12 novembre 2020, n. 160.

3. Ferme restando le previsioni di cui al presente titolo, l'effettuazione del noleggio è subordinata esclusivamente alla previa comunicazione, da effettuare mediante modalità telematiche e comunque finalizzate alla semplificazione degli adempimenti, all'Agenzia delle entrate e alla Capitaneria di porto territorialmente competente, nonché all'Inps ed all'Inail, nel caso di impiego di personale ai sensi dell'ultimo periodo del comma 2. L'effettuazione del servizio di noleggio in assenza della comunicazione alla Capitaneria di porto comporta l'applicazione della sanzione di cui all'articolo 55, comma 1, del presente codice, mentre la mancata comunicazione all'Inps o all'Inail comporta l'applicazione delle sanzioni di cui all'articolo 3, comma 3, del decreto-legge 22 febbraio 2002, n. 12, convertito, con modificazioni, dalla legge 23 aprile 2002, n. 73.[122]
3-bis. Il contratto di noleggio deve essere tenuto a bordo in originale o copia conforme.[123]
4. Con decreto del Ministro delle infrastrutture e dei trasporti, di concerto con il Ministro dell'economia e delle finanze ed il Ministro del lavoro e delle politiche sociali sono definite le modalità di attuazione delle disposizioni di cui al comma 3.
5. I proventi derivanti dall'attività di noleggio di cui al comma 1, di durata complessiva non superiore a quarantadue giorni, sono assoggettati, a richiesta del percipiente, a un'imposta sostitutiva delle imposte sui redditi e delle relative addizionali, nella misura del 20 per cento, con esclusione della detraibilità o deducibilità dei costi e delle spese sostenute relative all'attività di noleggio. L'imposta sostitutiva è versata entro il termine stabilito per il versamento a saldo dell'imposta sul reddito delle persone fisiche. L'acconto relativo all'imposta sul reddito delle persone fisiche è calcolato senza tenere conto delle disposizioni di cui al presente comma. Per la liquidazione, l'accertamento, la riscossione e il contenzioso riguardanti l'imposta sostitutiva di cui al presente comma si applicano le disposizioni previste per le imposte sui redditi. Con provvedimento del direttore dell'Agenzia delle entrate sono stabilite modalità semplificate di documentazione e di dichiarazione dei predetti proventi, le modalità di versamento dell'imposta sostitutiva, nonché ogni altra disposizione utile ai fini dell'attuazione del presente comma. La mancata comunicazione all'Agenzia delle entrate prevista dal comma 3, primo periodo, preclude la possibilità di fruire del regime tributario sostitutivo di cui al presente comma, ovvero comporta la decadenza dal medesimo regime.

---

[122] Comma così modificato dall'art. 32, comma 1, lett. b), D. Lgs. 3 novembre 2017, n. 229.
[123] Comma inserito dall'art. 32, comma 1, lett. c), D. Lgs. 3 novembre 2017, n. 229.

Capo II-bis
Figure professionali per le unità da diporto[124]

Art. 49-ter.
Mediatore del diporto[125]
1. E' istituita la figura professionale del mediatore del diporto.
2. E' mediatore del diporto colui che mette in relazione, anche attraverso attività di consulenza, due o più parti per la conclusione di contratti di costruzione, compravendita, locazione, noleggio e ormeggio di unità da diporto.
3. Il mediatore del diporto può svolgere esclusivamente l'attività indicata al comma 2 nonché, fermo restando quanto previsto dalle disposizioni di cui alla legge 4 aprile 1977, n. 135, e alla legge 8 agosto 1991, n. 264, le attività connesse o strumentali e svolge la propria attività professionale senza essere legato ad alcune delle parti da rapporti di collaborazione, di dipendenza, di rappresentanza o da rapporti che ne possano compromettere l'indipendenza.
4. Il mediatore del diporto non può delegare le funzioni relative all'esercizio della professione, se non ad altro mediatore iscritto.
5. Dopo la conclusione del contratto per la quale ha prestato la propria opera, il mediatore del diporto può ricevere incarico dal cantiere costruttore o comunque da una delle parti di rappresentarla negli atti relativi all'esecuzione del contratto medesimo.
6. Fatte salve le disposizioni di cui al presente articolo e all'articolo 49-quater del presente codice, ai mediatori del diporto si applica la disciplina di cui agli articoli 1754 e seguenti del codice civile.

Art. 49-quater.
Attività del mediatore del diporto[126]
1. L'attività di cui all'articolo 49-ter è soggetta a segnalazione certificata di inizio di attività da presentare alla Camera di commercio, industria, artigianato e agricoltura per il tramite dello sportello unico del comune competente per territorio ai sensi dell'articolo 19 della legge 7 agosto 1990, n. 241, corredata delle autocertificazioni e delle certificazioni attestanti il possesso dei requisiti prescritti con decreto del Ministro dello sviluppo economico, di concerto con il Ministro delle infrastrutture e dei trasporti.

---

[124] Capo inserito dall'art. 33, comma 1, D. Lgs. 3 novembre 2017, n. 229.
[125] Articolo inserito dall'art. 33, comma 1, D. Lgs. 3 novembre 2017, n. 229, che ha inserito il Capo II-bis.
[126] Articolo inserito dall'art. 33, comma 1, D. Lgs. 3 novembre 2017, n. 229, che ha inserito il Capo II-bis.

2. La Camera di commercio, industria, artigianato e agricoltura verifica il possesso dei requisiti e iscrive i relativi dati nel registro delle imprese, se l'attività è svolta in forma di impresa, oppure, per i soggetti diversi dalle imprese, in una apposita sezione del repertorio delle notizie economiche e amministrative (REA) previsto dall'articolo 8 della legge 29 dicembre 1993, n. 580, e dall'articolo 9 del decreto del Presidente della Repubblica 7 dicembre 1995, n. 581, assegnando ad essi la relativa qualifica con effetto dichiarativo del possesso dei requisiti abilitanti all'esercizio della relativa attività professionale.

3. Possono svolgere la professione del mediatore del diporto coloro che sono in possesso dei seguenti requisiti:

a) cittadinanza dell'Unione europea;

b) età minima di 18 anni;

c) requisiti di onorabilità previsti per i mediatori marittimi di cui alla legge 12 marzo 1968, n. 478;

d) avere assolto l'obbligo di istruzione, di cui all'articolo 1, comma 622, della legge 27 dicembre 2006, n. 296;

e) aver frequentato un apposito corso teorico-pratico e superato il relativo esame, salvo che per i mediatori marittimi di cui alla legge 12 marzo 1968, n. 478;

f) aver stipulato una polizza di assicurazione della responsabilità civile per i danni arrecati nell'esercizio dell'attività derivanti da condotte proprie o di terzi, del cui operato essi rispondono a norma di legge;

g) non essere stati dichiarati delinquenti abituali, professionali o per tendenza, non essere stati sottoposti a misure di sicurezza personali o alle misure di prevenzione, non essere stati condannati a una pena detentiva non inferiore a tre anni, salvo che non sono intervenuti provvedimenti di riabilitazione e non essere stati sottoposti alle misure di prevenzione di cui al decreto legislativo 6 settembre 2011, n. 159.

4. Il corso di cui al comma 3, lettera e), è organizzato annualmente dalle Regioni. L'iscrizione al corso è subordinata al pagamento da parte di coloro che intendono iscriversi di un diritto commisurato al costo sostenuto dalle Regioni per la gestione del corso.

5. L'ammontare del diritto di cui al comma 4 è stabilito ogni tre anni con decreto del Ministro delle infrastrutture e dei trasporti, di concerto con il Ministro dell'economia e delle finanze e previa intesa con la Conferenza unificata di cui all'articolo 8 del decreto delegato 28 agosto 1997, n. 281.

6. Il mediatore del diporto di cui all'articolo 49-ter, che si rende colpevole di violazioni delle norme di deontologia professionale ovvero delle norme di comportamento previste dal presente codice è soggetto alle seguenti sanzioni disciplinari disposte dalla Camera di commercio, industria, artigianato e agricoltura del luogo in cui è stata commessa la condotta:

a) ammonimento, che consiste nell'informare l'incolpato che la sua condotta non è stata conforme alle norme deontologiche e di legge, con invito ad astenersi dal compiere altre infrazioni. Esso è disposto quando il fatto contestato non è grave e vi è motivo di ritenere che l'incolpato non commetta altre infrazioni;

b) censura, che consiste nel biasimo formale e si applica quando la gravità dell'infrazione, il grado di responsabilità, i precedenti dell'incolpato e il suo comportamento successivo al fatto inducono a ritenere che egli non incorrerà in un'altra infrazione;

c) sospensione, che consiste nell'esclusione temporanea dall'esercizio dell'attività professionale e si applica per infrazioni consistenti in comportamenti e in responsabilità gravi o quando non sussistono le condizioni per irrogare la sola sanzione della censura;

d) inibizione perpetua dell'attività, che impedisce in via definitiva lo svolgimento dell'attività professionale. L'inibizione perpetua è inflitta per violazioni molto gravi che rendono incompatibile la prosecuzione dell'attività professionale da parte dell'incolpato.

7. La sospensione, di cui al comma 6, lettera c), è disposta per una durata non superiore a 12 mesi.

8. La sospensione è obbligatoria, oltre che nei casi previsti dal codice penale, nei seguenti casi:

a) mancata stipula o sopravvenuta mancanza della polizza di assicurazione di cui al comma 4, lettera f);

b) emissione del decreto di fermo di cui all'articolo 384 del codice di procedura penale e dell'ordinanza di custodia cautelare di cui all'articolo 285 del codice di procedura penale;

c) interdizione dai pubblici uffici per una durata non superiore a tre anni;

d) ricovero in un ospedale psichiatrico giudiziario, fuori dei casi previsti dal comma 13, lettera b);

e) assegnazione a una casa di cura e di custodia di cui all'articolo 219 del codice penale;

f) applicazione di una delle misure di sicurezza non detentive previste dall'articolo 215, comma terzo, numeri 1), 2), 3) del codice penale.

9. Nel caso di esercizio dell'azione penale contro un mediatore del diporto la Camera di commercio, industria, artigianato e agricoltura ha facoltà di ordinare la sospensione cautelare del medesimo dall'esercizio professionale dell'attività fino alle sentenze che definiscono il grado di giudizio.

10. La sospensione obbligatoria di cui al comma 8 o cautelare di cui al comma 9 non è soggetta al limite di durata stabilito dal comma 7.

11. L'inibizione perpetua dell'attività può essere pronunciata a carico del mediatore del diporto che, con la propria condotta, ha gravemente

compromesso la propria reputazione e la dignità della categoria ed è obbligatoria nei seguenti casi:

a) interdizione dai pubblici uffici, perpetua o di durata superiore a tre anni, o interdizione dalla professione per uguale durata;

b) ricovero in un ospedale psichiatrico giudiziario nei casi indicati dall'articolo 222, secondo comma, del codice penale;

c) assegnazione ad una colonia agricola o ad una casa di lavoro;

d) condanne per delitto contro la pubblica amministrazione, l'amministrazione della giustizia, la fede pubblica, l'economia pubblica, l'industria e il commercio, il patrimonio, per esercizio abusivo della mediazione e per ogni altro delitto non colposo per il quale la legge commini la pena della reclusione non inferiore, nel minimo, a due anni e, nel massimo, a cinque anni, salvo che sia intervenuta la riabilitazione.

12. Le sanzioni di cui al comma 6 sono annotate ed iscritte per estratto nel REA. A detti provvedimenti accedono gli uffici del registro delle imprese nonché, nel rispetto delle procedure previste dal capo V della legge 7 agosto 1990, n. 241, gli altri soggetti interessati.

13. Con decreto da adottare, ai sensi dell'articolo 17, comma 3, della legge 23 agosto 1988, n. 400, il Ministro dello sviluppo economico, di concerto con i Ministri dell'economia e delle finanze, per la semplificazione e la pubblica amministrazione, della giustizia, previa intesa con la Conferenza unificata di cui all'articolo 8 del decreto delegato 28 agosto 1997, n. 281, stabilisce le modalità di iscrizione nel registro delle imprese e nel REA, i programmi del corso e i criteri per le prove di esame di cui al comma 3, lettera e), nonché nel rispetto del principio del contraddittorio e dei principi generali dell'attività amministrativa, le procedure di applicazione delle sanzioni disciplinari di cui al comma 6 per le violazioni disposte dalla Camera di commercio, industria, artigianato e agricoltura del luogo in cui è stata commessa la violazione.

Art. 49-quinquies.
Istruttore di vela[127]

1. È istruttore professionale di vela colui che, in cambio di un corrispettivo o una retribuzione, insegna le diverse tecniche della navigazione a vela e istruisce alla pratica velica nelle acque marittime e in quelle interne anche per la preparazione dei candidati agli esami per il conseguimento delle patenti nautiche. L'attività dell'istruttore professionale di vela può essere

---

[127] Così modificato dal Decreto Legislativo 12 novembre 2020, n. 160.

esercitata anche in modo non esclusivo e non continuativo anche su base temporanea o occasionale.[128]

1-bis. All'esercizio della professione di istruttore professionale di vela si applicano, per i profili ivi disciplinati, il decreto legislativo 9 novembre 2007, n. 206, per i cittadini di Stati dell'Unione europea o dello Spazio economico europeo o svizzeri, nonché l'articolo 49 del decreto del Presidente della Repubblica 31 agosto 1999, n. 394, per i cittadini di Paesi terzi.[129]

2. L'iscrizione e la permanenza nell'elenco nazionale degli istruttori professionali di vela di cui all'articolo 49-sexies è condizione per l'esercizio della professione e per l'uso del titolo. Salvo che il fatto costituisca reato, chiunque esercita la professione di istruttore di vela in mancanza di detta iscrizione è soggetto alla sanzione amministrativa pecuniaria da euro 2.000 a euro 6.000.

3. Gli istruttori professionali di vela sono soggetti alla vigilanza amministrativa e tecnica del Ministero delle infrastrutture e dei trasporti.

4. L'esercizio della professione di istruttore professionale di vela in violazione degli obblighi di comunicazione stabiliti dal regolamento, di cui al comma 10, lettera c), è soggetto alla sanzione amministrativa pecuniaria da euro 150 a euro 1.500.

5. In caso di esercizio dell'attività di istruttore professionale di vela in violazione delle disposizioni del regolamento di cui al comma 10 o di mancanza dei requisiti di cui all'articolo 49-sexies, comma 2, è adottato un provvedimento disciplinare motivato di avvertimento o di censura o di sospensione da un minimo di due mesi a un massimo di dodici mesi o di radiazione, nei casi e con le modalità previsti dal regolamento di cui al comma 10.

6. La sanzione disciplinare della sospensione dall'esercizio dell'attività di istruttore professionale di vela è irrogata, oltre che nei casi previsti dal codice penale, nei seguenti casi:

a) carenza della copertura assicurativa di cui all'articolo 49-sexies, comma 2, lettera e);

b) emissione del decreto di fermo di cui all'articolo 384 del codice di procedura penale e dell'ordinanza di custodia cautelare di cui all'articolo 285 del codice di procedura penale;

c) ricovero in un ospedale psichiatrico giudiziario, fuori dei casi previsti dal comma 8, lettera b);

---

[128] Comma così modificato dall'art. 41, comma 3, lett. a), n. 1), D.L. 23 settembre 2022, n. 144, convertito, con modificazioni, dalla L. 17 novembre 2022, n. 175.
[129] Comma inserito dall'art. 41, comma 3, lett. a), n. 2), D.L. 23 settembre 2022, n. 144, convertito, con modificazioni, dalla L. 17 novembre 2022, n. 175.

d) assegnazione a una casa di cura e di custodia di cui all'articolo 219 del codice penale;

e) applicazione di una delle misure di sicurezza non detentive previste dall'articolo 215, comma terzo, numeri 1), 2) e 3) del codice penale;

f) esercizio dell'azione penale per ipotesi di reato inerenti o connessi alla professione.

7. La sospensione di cui al comma 6 cessa di avere effetto al venir meno delle circostanze di cui alle lettere a), b), c), d) ed e) del medesimo comma 6. La sospensione disposta ai sensi della lettera f) del comma 6 cessa di aver effetto a seguito di sentenza di assoluzione intervenuta in qualsiasi grado di giudizio.

8. La sanzione disciplinare della radiazione dall'elenco di cui all'articolo 49-sexies dell'istruttore professionale di vela è disposta nei seguenti casi:

a) perdita dei requisiti morali di cui all'articolo 49-sexies, comma 2, lettera c);

b) ricovero in un ospedale psichiatrico giudiziario nei casi indicati dall'articolo 222, comma 2, del codice penale;

c) assegnazione ad una colonia agricola o ad una casa di lavoro ai sensi dell'articolo 216 del codice penale.

9. Le sanzioni amministrative e disciplinari in materia di esercizio della professione di istruttore professionale di vela sono irrogate dal Ministero delle infrastrutture e dei trasporti o dalla Capitaneria di porto competente per territorio del luogo in cui è stata commessa la violazione, rispettivamente per le acque interne e per le acque marittime, ai sensi della legge 24 novembre 1981, n. 689, e sono annotate nell'elenco nazionale degli istruttori professionali di vela.

10. Con decreto del Ministro delle infrastrutture e dei trasporti, adottato di concerto con i Ministri dell'economia e delle finanze, della difesa, dell'istruzione, dello sviluppo economico, ai sensi dell'articolo 17, comma 3, della legge 23 agosto 1988, n. 400, previa intesa con la Conferenza unificata di cui all'articolo 8 del decreto legislativo 28 agosto 1997, n. 281, e previa acquisizione del parere del Garante per la protezione dei dati personali ai sensi dell'articolo 36, paragrafo 4, del regolamento (UE) 2016/679, sono disciplinate le seguenti materie in conformità alle disposizioni del presente articolo e dell'articolo 49-sexies nonché i tipi di dati trattati, le operazioni eseguibili, il motivo di interesse pubblico rilevante e le misure di tutela degli interessati:

a) individuazione dei brevetti e delle qualifiche professionali rilasciati, nel rispetto del sistema nazionale di qualifiche dei tecnici sportivi (SNAQ) del Comitato olimpico nazionale italiano e del quadro europeo delle qualifiche - European Qualification Framework (EQF) dell'Unione europea, dalla

Marina militare, dalla Federazione italiana vela e dalla Lega navale italiana, validi per l'accesso alla professione di istruttore di vela;

b) disciplina dell'elenco nazionale degli istruttori professionali di vela, ivi compresi la struttura, l'organizzazione, la tenuta, l'aggiornamento, l'accesso e la vigilanza, le informazioni da pubblicare, i tempi e le modalità di diffusione dell'elenco, i tipi di dati trattati, le operazioni eseguibili, il motivo di interesse pubblico rilevante e le misure di tutela per gli interessati, nel rispetto delle disposizioni del codice dell'amministrazione digitale e, in particolare, delle linee guida di cui all'articolo 71 del medesimo codice, nonché nel rispetto delle regole e delle garanzie previste in materia di protezione dei dati personali, con particolare riferimento ai principi di necessità, pertinenza e non eccedenza dei dati trattati e del rispetto del principio di minimizzazione dei dati di cui all'articolo 5, paragrafo 1, lettera c), del regolamento (UE) 2016/679;

c) modalità di comunicazione degli estremi della polizza assicurativa degli istruttori professionali di vela e di ogni sua variazione agli allievi e al Ministero delle infrastrutture e dei trasporti per la registrazione nell'elenco nazionale;

d) modalità di riconoscimento della qualifica di esperto velista, rilasciata in data antecedente all'entrata in vigore del decreto, ai fini dell'iscrizione nell'elenco nazionale degli istruttori professionali di vela;

e) condizioni e modalità per il rilascio, in fase di acquisizione di uno dei brevetti o delle qualifiche professionali di cui alla lettera a), del certificato di idoneità psichica e fisica da parte dei medici della Federazione medico-sportiva italiana o dal personale e dalle strutture pubbliche e private convenzionate ai sensi dell'articolo 5 del decreto-legge 30 dicembre 1979, n. 663, convertito, con modificazioni, dalla legge 29 febbraio 1980, n. 33, e delle relative disposizioni di attuazione;

f) procedimento disciplinare, ivi comprese le procedure di impugnazione in via amministrativa e di esecuzione delle sanzioni disciplinari nel rispetto del principio del contraddittorio e dei principi generali dell'attività amministrativa;

g) procedure di accesso, impugnazione e rettifica da parte degli interessati dei dati personali trascritti nell'elenco nazionale degli istruttori professionali di vela.

Art. 49-sexies.
Elenco dell'istruttore di vela e condizioni dell'iscrizione[130]
1. è istituito presso il Ministero delle infrastrutture e dei trasporti l'elenco nazionale degli istruttori professionali di vela.

---

[130] Così modificato dal Decreto Legislativo 12 novembre 2020, n. 160.

2. Possono ottenere l'iscrizione nell'elenco di cui al comma 1 coloro che sono in possesso dei seguenti requisiti:

a) hanno un'età minima di diciotto anni;

b) sono in possesso di diploma di istruzione secondaria di secondo grado o di titolo di studio estero riconosciuto o dichiarato equipollente dalle competenti autorità italiane;

c) salvo che il reato sia estinto o siano intervenuti provvedimenti di riabilitazione, non sono stati dichiarati delinquenti abituali, professionali o per tendenza, non sono sottoposti a misure di sicurezza personali o a misure di prevenzione di cui al decreto legislativo 6 settembre 2011, n. 159, non hanno riportato condanne per uno dei delitti previsti dal decreto del Presidente della Repubblica 9 ottobre 1990, n. 309, o per esercizio abusivo della professione, o per delitto contro la moralità pubblica e il buon costume, o per delitti che comportano l'interdizione dall'esercizio della professione per un periodo non inferiore a tre anni, non hanno riportato condanne a una pena detentiva non inferiore a tre anni o a più pene detentive, che pur singolarmente inferiori a tre anni, nel loro cumulo non sono inferiori a sei anni;

d) sono in possesso di brevetto o di qualifica professionale che abilita all'insegnamento delle tecniche di base della navigazione a vela ai sensi dell'articolo 49-quinquies, comma 10, lettera a);

e) hanno stipulato la polizza assicurativa a copertura della responsabilità civile derivante dall'esercizio della professione;

f) se cittadini stranieri, possiedono un livello di competenza nella conoscenza della lingua italiana pari almeno al livello B2 (livello intermedio o superiore) del quadro comune europeo di riferimento per la conoscenza delle lingue (QCER). Il requisito della conoscenza della lingua italiana si intende soddisfatto se l'interessato ha conseguito in Italia il diploma di cui alla lettera b), ovvero è in possesso della certificazione della conoscenza della lingua italiana come lingua straniera rilasciata da un ente certificatore (CLIQ). La verifica del requisito della conoscenza della lingua italiana può essere effettuata solo successivamente al riconoscimento del brevetto o della qualifica professionale di cui alla lettera d) o al riconoscimento della qualifica professionale di cui al decreto legislativo 9 novembre 2007, n. 206. Si prescinde dal requisito della conoscenza della lingua italiana qualora l'insegnamento sia impartito ad allievi stranieri nella loro lingua madre;[131]

g) certificato di idoneità psichica e fisica di cui all'articolo 49-quinquies, comma 10, lettera e), ovvero rilasciato da un'autorità competente di un altro

---

[131] Lettera così modificata dall'art. 41, comma 3, lett. b), D.L. 23 settembre 2022, n. 144, convertito, con modificazioni, dalla L. 17 novembre 2022, n. 175.

Stato membro dell'Unione europea in cui il brevetto o la qualifica professionale sono stati conseguiti.

3. I requisiti di cui al comma 2, lettere a), b) e d), non sono richiesti nei confronti di coloro che hanno ottenuto il riconoscimento, ai sensi del decreto legislativo 9 novembre 2007, n. 206, del brevetto o della qualifica professionale conseguiti in altri Stati membri dell'Unione europea, ovvero conformemente all'articolo 49 del decreto del Presidente della Repubblica 31 agosto 1999, n. 394, se il brevetto o la qualifica professionale sono stati conseguiti in Paesi terzi.

4. L'iscrizione nell'elenco nazionale degli istruttori professionali di vela è subordinata al pagamento di un diritto stabilito con decreto del Ministro delle infrastrutture e dei trasporti, di concerto con il Ministro dell'economia e delle finanze. Gli introiti derivanti dalla riscossione dei diritti di iscrizione affluiscono a un apposito capitolo dello stato di previsione dell'entrata del bilancio dello Stato per essere interamente riassegnati, con decreto del Ministero dell'economia e delle finanze, al pertinente capitolo dello stato di previsione del Ministero delle infrastrutture e dei trasporti, ai fini della copertura delle spese di gestione dell'elenco nazionale degli istruttori di vela e della vigilanza sull'esercizio della professione di istruttore di vela.

5. L'iscrizione nell'elenco nazionale degli istruttori professionali di vela ha efficacia per cinque anni. Su richiesta dell'interessato, l'iscrizione è rinnovata per altri cinque anni se permangono i requisiti di cui al comma 2 e previo pagamento del diritto di cui al comma 4. Il rinnovo dell'iscrizione può essere richiesto anche oltre il termine dei cinque anni dall'iscrizione o dal rinnovo precedente.

6. L'elenco nazionale degli istruttori professionali di vela é pubblicato sui siti istituzionali del Ministero delle infrastrutture e dei trasporti, dei comuni nel cui territorio sono presenti centri velici, della Marina militare, della Lega navale italiana e della Federazione italiana vela ed è aggiornato semestralmente.

Capo II-ter
Scuole nautiche e centri di istruzione per la nautica[132]

Art. 49-septies.
Scuole nautiche[133]
1. Le scuole per l'educazione marinaresca, la formazione e la preparazione dei candidati agli esami per il conseguimento delle patenti nautiche sono

---

[132] Capo inserito dall'art. 34, comma 1, D. Lgs. 3 novembre 2017, n. 229.
[133] Così modificato dal Decreto Legislativo 12 novembre 2020, n. 160.

denominate scuole nautiche. L'attività di scuola nautica è esercitata nella forma dell'impresa o del consorzio di imprese.

2. Le scuole nautiche sono soggette alla vigilanza amministrativa e tecnica delle province, delle città metropolitane e delle Province autonome di Trento e di Bolzano nelle quali è ubicata la sede principale o le eventuali ulteriori sedi, ai sensi dell'articolo 105, comma 3, lettera a), del decreto legislativo 31 marzo 1998, n. 112. Le province, le città metropolitane e le province autonome dispongono l'esecuzione di idonei controlli sull'esercizio dell'attività delle scuole nautiche e sulla permanenza dei requisiti prescritti con cadenza almeno triennale e comunque a seguito della ricezione di notizie circostanziate circa l'irregolare esercizio dell'attività.

3. La segnalazione certificata di inizio attività (SCIA) per l'esercizio di una scuola nautica è presentata, per il tramite dello sportello unico per le attività produttive di cui al decreto del Presidente della Repubblica 7 settembre 2010, n. 160, alla provincia o alla città metropolitana o alla provincia autonoma competente per territorio di ubicazione della sede principale da persone fisiche o giuridiche, anche raggruppate in consorzi. Nel caso di ulteriori sedi per l'esercizio dell'attività di scuola nautica, per ciascuna deve essere dimostrato il possesso dei requisiti prescritti, ad eccezione della capacità finanziaria che deve essere dimostrata per la sola sede centrale. Per il personale della scuola, vale quanto previsto dall'articolo 508, comma 10, del decreto legislativo 16 aprile 1994, n. 297.

4. La SCIA per l'esercizio di una scuola nautica può essere presentata da soggetti che:

a) hanno compiuto gli anni ventuno;

b) sono in possesso di diploma di istruzione secondaria di secondo grado o di titolo di studio estero riconosciuto o dichiarato equipollente dalle competenti autorità italiane;

c) se cittadini stranieri, sono in possesso di un livello di competenza nella conoscenza della lingua italiana pari almeno al livello B2 (livello intermedio superiore) del quadro comune europeo di riferimento per la conoscenza delle lingue (QCER). Il requisito della conoscenza della lingua italiana si intende soddisfatto se l'interessato ha conseguito in Italia il diploma di cui alla lettera b), ovvero è in possesso della certificazione della conoscenza della lingua italiana come lingua straniera rilasciato da un ente certificatore (CLIQ);

d) dispongono di adeguata capacità patrimoniale o di polizza fideiussoria.

5. Per le persone giuridiche i requisiti prescritti dal comma 4 sono richiesti al legale rappresentante, ad eccezione della capacità patrimoniale o della polizza fideiussoria, che è richiesta alla persona giuridica.

6. Salvo che il reato sia estinto o siano intervenuti provvedimenti di riabilitazione, la SCIA per l'esercizio di una scuola nautica non può essere presentata dai soggetti che:
a) sono stati dichiarati delinquenti abituali, professionali o per tendenza;
b) sono sottoposti a misure di sicurezza personali o a misure di prevenzione di cui al decreto legislativo 6 settembre 2011, n. 159;
c) hanno riportato condanne a una pena detentiva non inferiore a tre anni o a più pene detentive, che pur singolarmente inferiori a tre anni, nel loro cumulo non sono inferiori a sei anni, o, a prescindere dalla pena in concreto irrogata, per uno dei delitti previsti dal decreto del Presidente della Repubblica 9 ottobre 1990, n. 309;
d) sono stati dichiarati interdetti, inabilitati o falliti, ovvero hanno in corso un procedimento per la dichiarazione di fallimento.
7. Per le persone giuridiche, le previsioni di cui al comma 6 si applicano al legale rappresentante.
8. A ciascuna sede della scuola nautica è preposto un responsabile didattico in possesso dei requisiti di cui ai commi 4 e 6, ad eccezione della capacità patrimoniale. Per la sede principale il responsabile didattico può coincidere con il titolare o con il legale rappresentante della scuola nautica. Per le ulteriori sedi il responsabile didattico è un dipendente della scuola nautica o collaboratore familiare ovvero, nel caso di società di persone o di capitali, rispettivamente, un socio o un amministratore. Il medesimo responsabile didattico può essere preposto fino a un massimo di due ulteriori sedi ubicate nel territorio di una stessa provincia o città metropolitana o provincia autonoma.
9. Gli istituti tecnici del settore tecnologico, indirizzo trasporti e logistica, articolazione conduzione del mezzo, opzioni conduzione del mezzo navale e di impianti e apparati marittimi, possono presentare, per il tramite dello sportello unico di cui al decreto del Presidente della Repubblica 7 settembre 2010, n. 160, alla provincia o alla città metropolitana o alla provincia autonoma competente per territorio la SCIA per l'esercizio di una scuola nautica. Gli istituti tecnici che svolgono attività di scuola nautica sono soggetti alla vigilanza amministrativa del Ministero dell'istruzione.
10. Le scuole nautiche svolgono attività di formazione e di preparazione dei candidati agli esami per il conseguimento delle patenti nautiche di una o più delle categorie previste dall'articolo 39, comma 6 del presente codice, possiedono un'adeguata attrezzatura tecnica e didattica, dispongono degli insegnanti e degli istruttori di cui ai commi da 11 a 14 del presente articolo e hanno la disponibilità giuridica di almeno un'unità da diporto adeguata rispetto al tipo di corsi impartiti. Le dotazioni complessive in personale, attrezzature e unità da diporto delle singole scuole nautiche consorziate possono essere adeguatamente ridotte.

11. Per l'effettuazione dei corsi, la scuola nautica dispone in organico di uno o più insegnanti di teoria e, per l'effettuazione delle esercitazioni pratiche, di uno o più istruttori, o comunque di uno o più soggetti che cumulino entrambe le funzioni. Una o entrambe le funzioni possono essere svolte dal titolare, ovvero dal legale rappresentante, ovvero dal responsabile didattico. Nella SCIA per l'esercizio dell'attività di scuola nautica o di variazione del personale docente in organico è indicato il personale insegnante e istruttore impiegato ed è comprovato il possesso dei requisiti prescritti.

12. Possono svolgere l'attività di insegnamento teorico presso le scuole nautiche di cui al comma 1, i soggetti in possesso dell'abilitazione non inferiore a quella di ufficiale di coperta o di capitano del diporto, gli ufficiali superiori dei Corpi dello stato maggiore e delle Capitanerie di porto della Marina militare che hanno cessato il servizio attivo da almeno cinque anni, i docenti degli istituti tecnici di cui al comma 9, i docenti che hanno svolto attività di docenza presso i medesimi istituti tecnici per almeno cinque anni, anche in posizione di quiescenza da non più di cinque anni, coloro che hanno conseguito da almeno cinque anni la patente nautica di categoria A con abilitazione alla navigazione senza alcun limite di distanza dalla costa, ovvero da almeno due anni la patente nautica di categoria B. L'attività di insegnamento teorico delle tecniche di base della navigazione a vela è svolta dall'istruttore professionale di vela di cui all'articolo 49-quinquies del presente codice. Le attività rese dal personale della scuola hanno luogo nel rispetto del regime delle incompatibilità previste dall'articolo 508 del decreto legislativo 16 aprile 1994, n. 297.

13. Possono svolgere attività di istruzione pratica al comando di unità da diporto presso le scuole nautiche i soggetti che hanno conseguito da almeno cinque anni la patente nautica con abilitazione almeno pari a quella che il candidato aspira a conseguire. L'attività di istruzione pratica delle tecniche di base della navigazione a vela è svolta dall'istruttore professionale di vela di cui all'articolo 49-quinquies del presente codice.

14. I soggetti di cui ai commi 12 e 13 devono presentare i seguenti requisiti:
a) hanno un'età non inferiore ad anni ventuno;
b) sono in possesso di diploma di istruzione secondaria di secondo grado o di titolo di studio estero riconosciuto o dichiarato equipollente dalle competenti autorità italiane;
c) sono in possesso dei requisiti morali di cui al comma 6, ad eccezione di quelli inerenti il diritto fallimentare, e non hanno riportato condanne per delitti contro la moralità pubblica e il buon costume;
d) se istruttori pratici, sono in possesso di certificato di idoneità psichica e fisica rilasciato dai medici della Federazione medico-sportiva italiana o dal personale e dalle strutture pubbliche e private convenzionate ai sensi

dell'articolo 5 del decreto-legge 30 dicembre 1979, n. 663, convertito, con modificazioni, dalla legge 29 febbraio 1980, n. 33, e delle relative disposizioni di attuazione;

e) se cittadini stranieri, sono in possesso di un livello di competenza nella conoscenza della lingua italiana pari almeno al livello B2 (livello intermedio superiore) del quadro comune europeo di riferimento per la conoscenza delle lingue (QCER). Il requisito della conoscenza della lingua italiana si intende soddisfatto se l'interessato ha conseguito in Italia il diploma di cui alla lettera b), ovvero è in possesso della certificazione della conoscenza della lingua italiana come lingua straniera rilasciato da un ente eertificatore (CLIQ).

15. Le scuole nautiche possono richiedere all'autorità marittima o all'ufficio motorizzazione civile del Ministero delle infrastrutture e dei trasporti, competenti per territorio, che gli esami per il conseguimento delle patenti nautiche, con un numero di candidati non inferiore a dieci, vengano svolti presso le loro sedi. Le spese di viaggio e di missione per i componenti delle commissioni di esame sono a carico dei richiedenti.

16. Chiunque gestisce una scuola nautica senza la segnalazione certificata di inizio attività o in mancanza dei requisiti di cui al comma 4 è soggetto alla sanzione amministrativa di cui all'articolo 123, comma 11, del decreto legislativo 30 aprile 1992, n. 285, come aggiornata ai sensi dell'articolo 195, comma 3, del medesimo decreto. Dalla violazione consegue la sanzione amministrativa accessoria dell'interdizione dall'esercizio dell'attività di scuola nautica.

17. Chiunque svolge attività di insegnamento teorico presso scuole nautiche ovvero attività di istruzione pratica su unità da diporto nella disponibilità giuridica di scuole nautiche in mancanza dei requisiti di cui ai commi 12, 13 e 14, è soggetto alla sanzione amministrativa di cui all'articolo 123, comma 12, del decreto legislativo 30 aprile 1992, n. 285, come aggiornata ai sensi dell'articolo 195, comma 3, del medesimo decreto.

18. In caso di esercizio dell'attività di scuola nautica in violazione delle disposizioni del regolamento di cui al comma 21, è adottato provvedimento disciplinare motivato di diffida e di eventuale sospensione dall'esercizio dell'attività, o di interdizione dall'esercizio dell'attività nei casi e con le modalità previsti dal regolamento di cui al comma 21.

19. La sanzione disciplinare dell'interdizione dall'esercizio dell'attività di scuola nautica è obbligatoriamente disposta in caso di perdita dei requisiti morali di cui al comma 6 da parte del titolare o del legale rappresentante della scuola nautica.

20. Le sanzioni amministrative e disciplinari in materia di attività di scuola nautica sono irrogate dalla provincia o dalla città metropolitana o dalla

provincia autonoma competente per territorio ai sensi della legge 24 novembre 1981, n. 689.

21. Con decreto del Ministro delle infrastrutture e dei trasporti, adottato di concerto con i Ministri dell'economia e delle finanze, dell'istruzione, dello sviluppo economico, ai sensi dell'articolo 17, comma 3, della legge 23 agosto 1988, n. 400, previa intesa con la Conferenza unificata di cui all'articolo 8 del decreto legislativo 28 agosto 1997, n. 281, e previa acquisizione del parere del Garante per la protezione dei dati personali ai sensi dell'articolo 36, paragrafo 4, del regolamento (UE) 2016/679, sono disciplinate le seguenti materie, nonché i tipi di dati trattati, le operazioni eseguibili, il motivo di interesse pubblico rilevante e le misure di tutela degli interessati:

a) modalità di svolgimento dei controlli di cui al comma 2;

b) modalità per la presentazione della segnalazione certificata di inizio attività per l'esercizio di una scuola nautica;

c) requisiti di idoneità e requisiti minimi di capacità patrimoniale;

d) prescrizioni sui locali, sugli arredi, sulle dotazioni e sugli strumenti tecnici e didattici, nonché caratteristiche delle unità da diporto nella disponibilità giuridica della scuola nautica in rapporto ai corsi impartiti;

e) modalità di svolgimento delle attività di insegnante teorico e di istruttore pratico;

f) modalità di svolgimento dell'attività di formazione e di preparazione dei candidati agli esami per il conseguimento delle patenti nautiche, ivi compresa la durata dei corsi e delle esercitazioni pratiche;

g) requisiti e modalità per lo svolgimento degli esami nelle sedi delle scuole nautiche e dei consorzi tra scuole nautiche, fermo restando quanto previsto dal comma 15;

h) disciplina dell'attività pubblicitaria;

i) tariffario minimo;

l) disciplina delle modalità di diffida o sospensione dall'esercizio dell'attività di scuola nautica.

Art. 49-octies.
Centri di istruzione per la nautica[134]

1. Le associazioni e gli enti nautici di livello nazionale riconosciuti dal Ministero delle infrastrutture e dei trasporti quali centri di istruzione per la nautica possono svolgere senza scopo di lucro attività di formazione e di preparazione dei candidati agli esami per il conseguimento delle patenti nautiche.

---

[134] Così modificato dal Decreto Legislativo 12 novembre 2020, n. 160.

2. I centri di istruzione per la nautica sono soggetti alla vigilanza amministrativa e tecnica del Ministero delle infrastrutture e dei trasporti.

3. Le direzioni generali territoriali del Ministero delle infrastrutture e dei trasporti e le Capitanerie di porto, competenti per territorio in relazione al luogo ove sono ubicate, rispettivamente per le acque interne e per le acque marittime nella fascia costiera, effettuano controlli ordinari sull'esercizio dell'attività e sulla permanenza dei requisiti da parte delle articolazioni e delle affiliazioni locali dei centri di istruzione per la nautica con cadenza almeno triennale e controlli straordinari a seguito della ricezione di notizie circostanziate circa l'irregolare esercizio dell'attività. Qualora, all'esito delle attività di controllo, sussistano fondati sospetti in ordine alla prescritta assenza dello scopo di lucro, le predette autorità interessano la Guardia di Finanza ai sensi dell'articolo 36, quarto comma, del decreto del Presidente della Repubblica 29 settembre 1973, n. 600. Gli esiti dei controlli, da qualsiasi autorità effettuati, sono comunicati al Ministero delle infrastrutture e dei trasporti.

4. La domanda di riconoscimento quale centro di istruzione per la nautica è presentata al Ministero delle infrastrutture e dei trasporti dal legale rappresentante dell'ente o dell'associazione nautici di livello nazionale. Il legale rappresentate risponde al predetto Ministero del regolare funzionamento del centro di istruzione per la nautica, nonché delle sue articolazioni e affiliazioni locali che svolgono tale attività.

5. La domanda di riconoscimento quale centro di istruzione per la nautica può essere presentata da soggetti che:

a) sono cittadini italiani, o di uno Stato membro dell'Unione europea o dello Spazio economico europeo ovvero sono cittadini di Paesi terzi in regola con le disposizioni in materia di soggiorno e di lavoro nel territorio dello Stato;

b) hanno compiuto gli anni ventuno;

c) sono in possesso di diploma di istruzione secondaria di secondo grado o di titolo di studio estero riconosciuto o dichiarato equipollente dalle competenti autorità italiane;

d) se cittadini stranieri, sono in possesso di un livello di competenza nella conoscenza della lingua italiana pari almeno al livello B2 (livello intermedio superiore) del quadro comune europeo di riferimento per la conoscenza delle lingue (QCER). Il requisito della conoscenza della lingua italiana si intende soddisfatto se l'interessato ha conseguito in Italia il diploma di cui alla lettera c) ovvero è in possesso della certificazione della conoscenza della lingua italiana come lingua straniera rilasciato da un ente certificatore (CLIQ).

e) soddisfano i requisiti morali di cui all'articolo 49-septies, comma 6, del presente codice.

6. A ciascun centro di istruzione per la nautica, nonché a ciascuna sua articolazione o affiliazione locale che svolge tale attività, è preposto un responsabile didattico, in possesso dei requisiti di cui al comma 5.

7. Ciascun centro di istruzione per la nautica comunica l'elenco delle sue articolazioni o affiliazioni locali che svolgono attività di centro di istruzione per la nautica e i nominativi dei relativi responsabili didattici, nonché ogni loro variazione entro trenta giorni dalla data in cui è intercorsa, alla Direzione generale territoriale del Ministero delle infrastrutture e dei trasporti e alla Capitaneria di porto nel cui ambito territoriale sono ubicate le articolazioni o affiliazioni locali.

8. I centri di istruzione per la nautica svolgono attività di formazione e di preparazione dei candidati agli esami per il conseguimento delle patenti nautiche di due o più categorie previste dall'articolo 39, comma 6, tra le quali obbligatoriamente quelle di categoria C e D, possiedono un'adeguata attrezzatura tecnica e didattica, dispongono degli insegnanti e degli istruttori di cui al comma 9 e hanno la disponibilità giuridica di almeno un'unità da diporto adeguata rispetto al tipo di corsi impartiti.

9. Per l'effettuazione dei corsi, il centro di istruzione per la nautica dispone di uno o più insegnanti di teoria e, per l'effettuazione delle esercitazioni pratiche, di uno o più istruttori, o comunque di uno o più soggetti che cumulano entrambe le funzioni. Si applicano le disposizioni di cui all'articolo 49-septies, commi 12, 13 e 14, del presente codice. Il centro di istruzione per la nautica, nonché le sue articolazioni e affiliazioni locali che svolgono tale attività, comunicano al Ministero delle infrastrutture e dei trasporti e alle Capitanerie di porto competenti per territorio, i nominativi del personale insegnante e istruttore impiegato e le loro variazioni, comprovando il possesso dei requisiti prescritti.

10. Chiunque gestisce un centro di istruzione per la nautica in violazione delle disposizioni di cui al comma 1 o in mancanza dei requisiti di cui al comma 5 è soggetto alla sanzione amministrativa di cui all'articolo 123, comma 11, del decreto legislativo 30 aprile 1992, n. 285, come aggiornata ai sensi dell'articolo 195, comma 3, del medesimo decreto. Dalla violazione consegue la sanzione amministrativa accessoria dell'interdizione dall'esercizio dell'attività di centro di istruzione per la nautica.

11. Chiunque svolge attività di insegnamento teorico presso centri di istruzione per la nautica ovvero attività di istruzione pratica su unità da diporto nella disponibilità di centri di istruzione per la nautica in mancanza dei requisiti di cui all'articolo 49-septies, commi 12, 13 e 14 del presente codice, è soggetto alla sanzione amministrativa di cui all'articolo 123, comma 12, del decreto legislativo 30 aprile 1992, n. 285, come aggiornata ai sensi dell'articolo 195, comma 3, del medesimo decreto.

12. In caso di esercizio dell'attività di centro di istruzione per la nautica in violazione delle disposizioni del regolamento di cui al comma 15 è adottato provvedimento disciplinare motivato di diffida e di eventuale sospensione dall'esercizio dell'attività o di interdizione dall'esercizio dell'attività di centro di istruzione per la nautica, nei casi e con le modalità previsti dal regolamento di cui al comma 15.

13. La sanzione disciplinare dell'interdizione dall'esercizio dell'attività di centro di istruzione per la nautica è obbligatoriamente disposta in caso di perdita dei requisiti morali di cui all'articolo 49-septies, comma 6, del presente codice, da parte del legale rappresentante dell'articolazione o dell'affiliazione locale del centro di istruzione per la nautica.

14. Le sanzioni amministrative e disciplinari in materia di attività di centri di istruzione per la nautica sono irrogate dal Ministero delle infrastrutture e dei trasporti o dalle Capitanerie di porto competenti per territorio rispetto al luogo in cui è stata commessa la violazione, rispettivamente per le acque interne e per le acque marittime, ai sensi della legge 24 novembre 1981, n. 689.

15. Con decreto del Ministro delle infrastrutture e dei trasporti, adottato di concerto con i Ministri dell'economia e delle finanze, dell'istruzione, dello sviluppo economico, ai sensi dell'articolo 17, comma 3, della legge 23 agosto 1988, n. 400, previa intesa con la conferenza unificata di cui all'articolo 8 del decreto legislativo 28 agosto 1997, n. 281, e previa acquisizione del parere del Garante per la protezione dei dati personali ai sensi dell'articolo 36, paragrafo del regolamento (UE) 2016/679, sono disciplinate le seguenti materie nonché i tipi di dati trattati, le operazioni eseguibili, il motivo di interesse pubblico rilevante e le misure di tutela degli interessati:

a) modalità per il riconoscimento e per l'esercizio della vigilanza amministrativa e tecnica sui centri di istruzione per la nautica da parte del Ministero delle infrastrutture e dei trasporti e delle Capitanerie di porto;

b) modalità di svolgimento dei controlli di cui al comma 3;

c) modalità per la presentazione della domanda di riconoscimento quale centro di istruzione per la nautica da parte delle associazioni e degli enti nautici di livello nazionale;

d) requisiti di idoneità;

e) prescrizioni su locali, arredi, dotazioni e strumenti tecnici e didattici, nonché caratteristiche delle unità da diporto nella disponibilità giuridica del centro di istruzione per la nautica in rapporto ai corsi impartiti;

f) modalità di svolgimento delle attività di insegnante teorico e di istruttore pratico;

g) modalità di svolgimento dell'attività di formazione e di preparazione dei candidati agli esami per il conseguimento delle patenti nautiche, ivi compresa la durata dei corsi e delle esercitazioni pratiche;

h) disciplina delle modalità di diffida o sospensione dall'esercizio dell'attività di centro di istruzione della nautica di cui al presente decreto.

Capo II-quater
Strutture dedicate alla nautica da diporto[135]

Art. 49-nonies.
Disciplina del transito delle unità da diporto[136]

1. I concessionari delle strutture dedicate alla nautica da diporto di cui all'articolo 2, comma 1, lettere a) e b), del decreto del Presidente della Repubblica 2 dicembre 1997, n. 509, devono permanentemente riservare alle unità da diporto, a vela o a motore, tratti di banchina per gli accosti in transito o che approdano per rifugio, commisurate alle dimensioni delle unità da ormeggiare in termini di dimensioni, pescaggio, agitazione residua all'ormeggio e apprestamenti impiantistici con prestazioni simili agli altri ormeggi della concessione. I tratti di banchina sono riservati per la durata massima di 72 ore, rinnovabili per un ulteriore periodo di pari durata nei casi di avaria all'unità, salvo che la permanenza oltre tali termini non sia giustificata da ragioni di sicurezza della navigazione. L'ormeggio per le unità da diporto in transito o che approdano per rifugio è gratuito per un tempo non inferiore alle 4 ore giornaliere individuato dal concessionario nella fascia oraria dalle ore 9.00 alle ore 19.00 e per non più di tre ormeggi nell'arco di ciascun mese. Le tariffe e gli orari relativi all'utilizzazione gratuita degli accosti in transito o per rifugio sono resi pubblici dal gestore dei porti e degli approdi turistici.

2. Nel periodo dal 15 giugno al 15 settembre di ciascun anno il numero degli accosti riservato al transito è determinato nell'otto per cento dei posti barca disponibili. Negli altri periodi dell'anno il numero dei posti barca è stabilito come segue:

a) fino a 50 posti barca: due;

b) fino a 100 posti barca: tre;

c) fino a 150 posti barca: cinque;

d) fino a 250 posti barca: dieci;

e) da 251 a 500 posti barca: quindici;

f) da 501 a 750 posti barca: venti;

---

[135] Capo inserito dall'art. 35, comma 1, D. Lgs. 3 novembre 2017, n. 229.

[136] Articolo inserito dall'art. 35, comma 1, D. Lgs. 3 novembre 2017, n. 229, che ha inserito il Capo II-quater.

g) oltre 750 posti barca: venticinque.

3. Nel periodo dal 15 giugno al 15 settembre di ciascun anno il numero degli accosti riservato al transito destinato a natanti e a imbarcazioni[137] da diporto, a vela o a motore, condotte da persone con disabilità o con persone con disabilità a bordo è determinato nell'uno per cento dei posti barca disponibili. Negli altri periodi dell'anno il numero dei posti barca è stabilito come segue:

a) fino a 80 posti barca: uno;

b) fino a 150 posti barca: due;

c) fino a 300 posti barca: tre;

d) da 300 a 400 posti barca: quattro;

e) da 400 a 700 posti barca: sei;

f) oltre 700 posti barca: otto.

4. Per la finalità di cui al comma 3 è scelta di preferenza una area che risulta di comodo accesso e collocata alla minore distanza possibile dai punti di erogazione di acqua e di energia elettrica. Il posto di ormeggio deve essere riconoscibile mediante la sua delimitazione a terra[138] con strisce gialle dipinte e mediante il simbolo identificativo della destinazione dell'area e deve prevedere sistemi idonei allo specifico attracco[139], che consentano comodo accesso e uso.

5. La persona con disabilità che conduce l'unità da diporto o la persona che conduce una unità da diporto con disabile a bordo, a pena di decadenza dal diritto di ormeggio nell'attracco di cui al comma 3, deve comunicare al concessionario che gestisce l'ormeggio, via radio o via telefono, la data e l'orario del proprio arrivo, con almeno 24 ore di anticipo. In caso di beni del demanio marittimo non in concessione la citata comunicazione è fatta all'autorità marittima competente.

6. Il posto di attracco riservato alle persone con disabilità, quando non impegnato a tale fine, può essere occupato da altra unità, con l'esplicita avvertenza che in caso di arrivo di unità condotta da persona con disabilità o con persona con disabilità a bordo, che abbia fatto richiesta del suo utilizzo secondo quanto previsto al comma 5, dovrà essere immediatamente liberato.

7. Lo stazionamento nel punto di attracco di cui al comma 3 è consentito, qualora non già occupato da altra unità con persona con disabilità, per un giorno e una notte. Nel caso in cui le condizioni metereologiche non consentono di riprendere la navigazione, l'autorità marittima può autorizzare il prolungamento dello stazionamento.

---

[137] Così modificato dal Decreto Legislativo 12 novembre 2020, n. 160.

[138] Così modificato dal Decreto Legislativo 12 novembre 2020, n. 160.

[139] Così modificato dal Decreto Legislativo 12 novembre 2020, n. 160.

8. Le richieste e le prenotazioni degli accosti di cui ai commi 2 e 3 sono annotate in un registro, numerato e siglato in ogni singola pagina dall'autorità marittima territorialmente competente.

9. In occasione di manifestazioni sportive o mostre, i posti di ormeggio riservati al transito possono essere utilizzati dalle unità partecipanti alle gare o presentate per l'esposizione.

10. Negli altri beni del demanio marittimo non in regime di concessione destinati alla navigazione e al trasporto marittimo, con ordinanza del capo del circondario marittimo competente è disciplinata la riserva per gli accosti alle unità da diporto in transito o che approdano per rifugio. Con la medesima ordinanza, al fine di garantire la sicurezza portuale e della navigazione, sono altresì individuati sistemi di regolazione degli accessi alle isole minori da parte dei passeggeri delle unità da diporto adibite a noleggio e trasporto passeggeri.

11. Il capo del circondario marittimo, con riferimento alla compatibilità delle strutture dedicate alla nautica da diporto di cui all'articolo 2, comma 1, del decreto del Presidente della Repubblica 2 dicembre 1997, n. 509, con gli interessi marittimi e con la sicurezza della navigazione esprime il parere di competenza.

12. Nella acque interne, nei laghi, nei parchi e nelle riserve od oasi naturali attraversati da corsi d'acqua o che comprendano bacini normalmente fruiti dall'utenza turistica mediante piccole imbarcazioni, l'autorità o l'ente competente, con proprio atto determina le modalità attuative e operative degli accosti alle unità da diporto, a vela o a motore, in transito o che approdano per rifugio, nonché dei punti di imbarco di transito idonei alla comoda fruizione da parte delle persone con disabilità. Le tariffe relative all'utilizzazione degli accosti in transito o per rifugio sono rese pubbliche dal gestore dei punti di accosto e di imbarco.

13. In caso di mancata osservanza delle disposizioni del presente articolo, si applicano le sanzioni amministrative previste dal codice della navigazione in materia di uso del demanio marittimo.

Art. 49-decies.
Campi di ormeggio attrezzati[140]

1. Gli enti gestori delle aree marine protette, nel rispetto delle norme vigenti in materia di demanio marittimo, possono istituire campi boa e campi di ormeggio attrezzati, anche con l'impiego di tecnologie informatiche e telematiche, nelle zone di riserva generale (zone B) o di riserva parziale (zone C) per le unità da diporto autorizzate alla navigazione in tali zone, ai

---

[140] Articolo inserito dall'art. 35, comma 1, D. Lgs. 3 novembre 2017, n. 229, che ha inserito il Capo II-quater.

sensi del regolamento di organizzazione dell'area marina protetta. I progetti di installazione dei citati campi sono sottoposti, previo nulla osta del Ministero dell'ambiente e della tutela del territorio e del mare, al parere vincolante dell'ufficio circondariale marittimo competente per territorio. Nell'ambito dei campi boa e dei campi di ormeggio una quota pari al quindici per cento degli ormeggi è riservata alle unità a vela.

2. Allo scopo di tutelare l'ecosistema, nell'ambito dei campi boa e di ormeggio di cui al comma 1 è vietato l'ancoraggio al fondale. I campi boa e i campi di ormeggio sono finalizzati al perseguimento delle seguenti finalità:

a) contenimento dei fenomeni di aratura e danneggiamento dei fondali derivanti dall'ancoraggio delle unità da diporto;

b) erogazione di un numero limitato e annualmente programmato di permessi di stazionamento nell'area marina;

c) garanzia della trasparenza dei criteri di accesso ai campi boa e di ormeggio, attraverso idonee forme di pubblicità degli stessi e di prenotazione non onerosa, anche per via telematica.

3. Gli enti gestori che istituiscono i campi di boa e di ormeggio di cui al comma 1 definiscono tariffe orarie e giornaliere di stazionamento negli stessi, anche in relazione all'attivazione combinata di servizi aggiuntivi esclusivamente nel settore della nautica da diporto, per la cui applicazione acquisiscono il nulla osta del Ministero dell'ambiente e della tutela del territorio e del mare.

4. I proventi riscossi ai sensi del comma 3 dagli enti gestori sono destinati al recupero delle spese di allestimento e manutenzione dei campi boa e di ormeggio, a interventi volti a incrementare la protezione ambientale dell'area marina protetta.

5. Nell'allestimento dei campi boa e di ormeggio gli enti gestori sono tenuti all'individuazione di sistemi compatibili con le caratteristiche dei fondali, a basso impatto ambientale e paesaggistico, con il minimo ingombro sul fondale, opportunamente dimensionati in relazione alla tipologia e alle dimensioni delle unità per le quali viene effettuato l'ormeggio.

6. Gli enti gestori possono allestire sistemi tecnologicamente avanzati per il monitoraggio remoto degli ormeggi e delle strutture a terra, al fine di verificarne costantemente il corretto posizionamento e funzionamento.

7. Al fine di garantire la sicurezza della navigazione, i campi boa e di ormeggio sono segnalati in mare sulla base delle prescrizioni del competente Comando Zona Fari e la posizione e le caratteristiche degli stessi devono essere comunicate dagli enti gestori all'Ufficio circondariale marittimo competente per il successivo inoltro all'Istituto idrografico della Marina militare.

Art. 49-undecies.
Ricovero a secco per piccole imbarcazioni e natanti[141]
1. Nei beni del demanio marittimo non in regime di concessione di cui all'articolo 28 del codice della navigazione che presentano caratteristiche particolarmente idonee per il ricovero a secco, con provvedimento dell'autorità competente, è regolamentata la disciplina del ricovero a secco di imbarcazioni da diporto fino a 12 metri e di natanti da diporto, garantendone comunque la fruizione pubblica e in conformità con i pertinenti strumenti di pianificazione.

Art. 49-duodecies.
Assistenza e traino per imbarcazioni e natanti in mare[142]
1. Al fine di migliorare le condizioni di sicurezza nella navigazione e di prevenire l'inquinamento in mare, è istituito il servizio di assistenza e traino per le imbarcazioni e natanti da diporto.
2. Il servizio di cui al comma 1 è svolto da soggetti privati, singoli o associati, dalle cooperative e gruppi ormeggiatori di cui all'articolo 14 della legge 28 gennaio 1994, n. 84, previa sottoscrizione di una polizza assicurativa che copre i rischi derivante dall'attività e comunicazione alla Capitaneria di porto competente per le attività di cui all'articolo 68 del codice della navigazione. La citata comunicazione consente agli operatori di intervenire per l'assistenza alle imbarcazioni da diporto fino alla lunghezza di metri 24.
3. Nel caso in cui sussista un pericolo attuale o presumibile per l'incolumità delle persone a bordo, o vi è la presenza o la possibilità di un inquinamento, è fatto obbligo anche all'operatore chiamato per l'assistenza di contattare immediatamente l'autorità marittima.
4. Le attività comprese nell'ambito del servizio di assistenza sono le seguenti:
a) riparazioni meccaniche, idrauliche ed elettriche, nonché all'attrezzatura velica;
b) consegna di pezzi di ricambio e forniture di bordo in genere;
c) interventi di ausilio alla navigazione quali disincaglio, scioglimento delle eliche, riavvio dei motori, ricarica delle batterie;
d) le altre attività che consentono di risolvere sul posto i problemi tecnici di varia natura che impediscono la normale navigazione.
5. E' consentito il traino fino alla struttura per la nautica da diporto più idonea tecnicamente ad accogliere l'unità nel caso di impossibilità di

---

[141] Articolo inserito dall'art. 35, comma 1, D. Lgs. 3 novembre 2017, n. 229.
[142] Articolo inserito dall'art. 35, comma 1, D. Lgs. 3 novembre 2017, n. 229, che ha inserito il Capo II-quater.

risolvere il problema sul posto, laddove tale attività non comporta alcun pericolo per la sicurezza della navigazione. E' fatto obbligo agli operatori di cui al comma 2 di comunicare tempestivamente, al rientro presso la struttura per la nautica da diporto individuata, le attività di cui al comma 4 e al primo periodo del presente comma all'autorità marittima territorialmente competente.

6. Le spese sostenute per le attività di cui al comma 4, sono interamente a carico dei soggetti richiedenti.

7. Con il regolamento di attuazione del presente codice sono stabiliti i criteri e le modalità di svolgimento del servizio, i requisiti tecnico-professionali degli operatori che svolgono il servizio e i requisiti dell'imbarcazione utilizzata per il servizio.

Capo III
Mediatore per le unità da diporto

Art. 50.
Ruoli dei mediatori per le unità da diporto
[1. Le regioni disciplinano i requisiti e le modalità di iscrizione nel ruolo dei mediatori per le unità da diporto, la formazione e conservazione del ruolo, le cause di cancellazione e le norme disciplinari.]

Art. 51.
Abilitazione all'esercizio della professione di mediatore
[1. L'iscrizione nel ruolo dei mediatori per le unità da diporto abilita all'esercizio della professione in tutto il territorio della Repubblica; non è ammessa l'iscrizione in più di un ruolo. L'iscritto non può delegare le funzioni relative all'esercizio della professione, se non ad altro mediatore iscritto.]

Titolo IV[143]
EDUCAZIONE MARINARESCA

Art. 52.
Giornata del mare e cultura marina[144]
1. La Repubblica riconosce il giorno 11 aprile di ogni anno quale "Giornata del mare" presso gli istituti scolastici di ogni ordine e grado, al fine di

---

[143] Titolo così sostituito dall'art. 36, comma 1, D. Lgs. 3 novembre 2017, n. 229.
[144] Articolo così sostituito dall'art. 36, comma 1, D. Lgs. 3 novembre 2017, n. 229, che ha sostituito l'intero titolo IV.

sviluppare la cultura del mare inteso come risorsa di grande valore culturale, scientifico, ricreativo ed economico.

2. La Giornata nazionale di cui al comma 1 non determina gli effetti civili di cui alla legge 27 maggio 1949, n. 260.

3. In occasione della giornata di cui al comma 1 gli istituti scolastici di ogni ordine e grado possono promuovere nell'ambito della propria autonomia e competenza, senza nuovi o maggiori oneri per la finanza pubblica, iniziative volte a diffondere la conoscenza del mare, anche in riferimento alle misure per prevenire e contrastare l'abbandono dei rifiuti in mare.[145]

4. Per l'attuazione delle iniziative di cui al comma 3, il Ministro dell'istruzione, dell'università e della ricerca, sentiti i Ministri degli esteri e della cooperazione internazionale, dell'ambiente e della tutela del territorio e del mare, delle politiche agricole, alimentari e forestali, delle infrastrutture e dei trasporti, dello sviluppo economico e dei beni e delle attività culturali e del turismo, nonché il Comitato olimpico nazionale italiano, impartisce le opportune direttive.

5. Al fine di valorizzare il patrimonio culturale, storico, letterario e artistico legato al mare, in particolare ponendo in rilievo il contributo del mare allo sviluppo sociale, economico e culturale del territorio nazionale nonché al fine di preservare le tradizioni marinaresche della comunità italiana, anche all'estero, possono essere organizzate manifestazioni pubbliche, cerimonie, incontri, nonché iniziative finalizzate alla costruzione nell'opinione pubblica e nelle giovani generazioni della cultura e conoscenza del mare.

6. Nel rispetto dell'autonomia delle istituzioni scolastiche e delle prerogative costituzionali delle regioni, può essere inserito nei piani formativi degli istituti scolastici di ogni ordine e grado l'insegnamento della cultura del mare e dell'educazione marinara. L'insegnamento è impartito dai docenti delle scuole pubbliche e private in possesso di specifiche competenze e da docenti specialistici nel caso in cui non è possibile coprire le ore di insegnamento con i docenti di istituto.

7. Gli insegnamenti di cui al comma 6 possono essere realizzati tramite specifici progetti formativi con il Ministero della difesa, la Marina militare[146], il Corpo delle Capitanerie di porto, Coni, Federazione italiana vela, Lega navale italiana, associazioni nazionali di categoria, nonché attraverso gli istituti tecnici - settore tecnologico, indirizzo trasporti e logistica.

8. Le iniziative previste dal presente articolo sono organizzate nell'ambito delle risorse umane, finanziarie e strumentali disponibili a legislazione vigente e comunque senza nuovi o maggiori oneri per la finanza pubblica.

---

[145] Comma così modificato dall'art. 10, comma 1, L. 17 maggio 2022, n. 60.
[146] Così modificato dal Decreto Legislativo 12 novembre 2020, n. 160.

Titolo V
NORME SANZIONATORIE
Illeciti amministrativi

Art. 53.
Violazioni commesse con unità da diporto[147]

1. Chiunque assume o ritiene il comando o la condotta ovvero la direzione nautica di un'unità da diporto senza la prescritta abilitazione, perché non conseguita o revocata o non convalidata per mancanza dei requisiti ovvero sospesa o ritirata, è soggetto alla sanzione amministrativa del pagamento di una somma da 2755 euro a 11017 euro. La sanzione è raddoppiata nel caso di comando o condotta di una nave da diporto.

2. Chiunque assume o ritiene il comando o la condotta ovvero la direzione nautica di un'unità da diporto con la prescritta abilitazione scaduta di validità è soggetto alla sanzione amministrativa del pagamento di una somma da 276 euro a 1377 euro. L'organo accertatore provvede al ritiro della patente nautica scaduta.

3. Chiunque assume o ritiene il comando o la condotta ovvero la direzione nautica di un'unità da diporto che non è in regola con quanto stabilito all'articolo 17 in materia di trascrizione è soggetto alla sanzione amministrativa del pagamento di una somma da 207 euro a 1033 euro.

4. Salvo che il fatto costituisca violazione della normativa sulle aree marine protette, chiunque nell'utilizzo di un'unità da diporto non osserva una disposizione di legge o di regolamento, o un provvedimento legalmente emanato dall'autorità competente in materia di uso del demanio marittimo, del mare territoriale, ivi comprese le lagune, delle acque interne e dei porti, ovvero non osserva una disposizione di legge o di regolamento in materia di sicurezza della navigazione è soggetto alla sanzione amministrativa del pagamento di una somma da 276 euro a 1377 euro. Se il fatto è commesso con l'impiego di un natante da diporto la sanzione è ridotta alla metà.

5. Salvo che il fatto costituisca reato, chiunque assume o ritiene la condotta ovvero la direzione nautica di una imbarcazione o di un natante da diporto, per i quali per potenza del motore installato e ambito di navigazione non è richiesta la patente nautica, senza i prescritti requisiti di età di cui all'articolo 39 del presente codice è soggetto alla sanzione amministrativa del pagamento di una somma da 65 euro a 665 euro.

6. Chiunque nell'utilizzo di un'unità da diporto supera i limiti di velocità previsti per la navigazione negli specchi d'acqua portuali, nei pressi di campi boa, di spiagge e di lidi, nei corridoi destinati al lancio o all'atterraggio nelle vicinanze di imbarcazioni alla fonda è soggetto alla

---

[147] Articolo così sostituito dall'art. 37, comma 1, D. Lgs. 3 novembre 2017, n. 229.

sanzione amministrativa del pagamento di una somma da 414 euro a 2066 euro. Per la determinazione dell'osservanza dei limiti di velocità sono utilizzate apparecchiature debitamente omologate, le cui caratteristiche sono stabilite dal regolamento di attuazione del presente codice.

7. Chiunque, al di fuori dei casi previsti dai commi 1, 2, 3, 4, 5 e 6 non osserva una disposizione del presente codice o del regolamento di attuazione dello stesso o un provvedimento emanato dall'autorità competente in base al presente codice, è soggetto alla sanzione amministrativa del pagamento di una somma da 65 euro a 665 euro.

8. In caso di violazione di disposizioni in materia di navigazione che prevedono sanzioni amministrative pecuniarie, l'utilizzatore dell'unità da diporto in locazione finanziaria è obbligato in solido con l'autore delle violazioni al pagamento della somma da questi dovuta, se non prova che la navigazione è avvenuta contro la sua volontà.

9. La patente nautica è sospesa, da uno a tre mesi, per:

a) chiunque commette le violazioni di cui al comma 6;

b) chiunque nell'utilizzo di un'unità da diporto si mantiene a una distanza inferiore ai cento metri dal segnale di posizionamento del subacqueo;

c) chiunque nell'utilizzo di un'unità da diporto come unità appoggio per immersioni subacquee a scopo sportivo o ricreativo non ha a bordo i previsti mezzi di salvataggio o le dotazioni di sicurezza o la persona abilitata al primo soccorso subacqueo.

10. Nel caso in cui le violazioni di cui al comma 9 sono reiterate nei due anni dal compimento della prima violazione, la patente nautica è revocata.

Art. 53-bis.
Conduzione di unità da diporto sotto l'influenza dell'alcool[148]

1. E' vietato assumere o ritenere il comando o la condotta ovvero la direzione nautica di un'unità da diporto in stato di ebbrezza in conseguenza dell'uso di bevande alcoliche.

2. Chiunque assume o ritiene il comando o la condotta ovvero la direzione nautica di un'unità da diporto in stato di ebbrezza è punito, ove il fatto non costituisca reato:

a) con la sanzione amministrativa del pagamento di una somma da 2755 euro a 11017 euro, qualora sia stato accertato un valore corrispondente a un tasso alcolemico superiore a 0,5 e non superiore a 0,8 grammi per litro (g/l). All'accertamento della violazione consegue in ogni caso la sanzione amministrativa accessoria della sospensione della patente nautica da tre a sei mesi;

---

[148] Articolo inserito dall'art. 38, comma 1, D. Lgs. 3 novembre 2017, n. 229.

b) con la sanzione amministrativa da 3500 euro a 12500 euro, qualora sia stato accertato un valore corrispondente a un tasso alcolemico superiore a 0,8 e non superiore a 1,5 grammi per litro (g/l). All'accertamento della violazione consegue in ogni caso la sanzione amministrativa accessoria della sospensione della patente nautica da sei mesi a un anno;

c) con la sanzione amministrativa da 5000 euro a 15000 euro, qualora sia stato accertato un valore corrispondente a un tasso alcolemico superiore a 1,5 grammi per litro (g/l). All'accertamento della violazione consegue in ogni caso la sanzione amministrativa accessoria della sospensione della patente nautica da uno a due anni. La patente nautica è sempre revocata, in caso di reiterazione nel biennio.

3. Le sanzioni di cui al comma 2 del presente articolo sono raddoppiate ed è disposto il sequestro, salvo che l'unità appartenga a persona estranea all'illecito, nel caso in cui chi assume o ritiene il comando o la condotta ovvero la direzione nautica di un'unità da diporto in stato di ebbrezza provoca un sinistro marittimo. Le sanzioni sono raddoppiate nel caso di comando o condotta di una nave da diporto. Per chiunque provoca un sinistro marittimo la patente nautica è sempre revocata nel caso in cui è stato accertato un valore corrispondente a un tasso alcolemico superiore a 1,5 grammi per litro (g/l).

4. Salvo che sia disposto il sequestro ai sensi del comma 3, l'unità, qualora non possa essere condotta da altra persona idonea, può essere fatta trainare fino al luogo indicato dall'interessato o fino alla più vicina struttura dedicata per la nautica da diporto e lasciata in consegna al proprietario o al gestore di essa con le normali garanzie per la custodia. Le spese per il recupero ed il traino sono interamente a carico del trasgressore.

5. Le sanzioni amministrative previste dal comma 2 sono aumentate da un terzo alla metà quando la violazione è commessa dopo le ore 22 e prima delle ore 7.

6. Al fine di acquisire elementi utili per motivare l'obbligo di sottoposizione agli accertamenti di cui al comma 7, gli organi accertatori, secondo le direttive fornite dal Ministro delle infrastrutture e dei trasporti e dal Ministro della salute, nel rispetto della riservatezza personale e senza pregiudizio per l'integrità fisica, possono sottoporre i conduttori delle unità da diporto ad accertamenti qualitativi non invasivi o a prove, anche attraverso apparecchi portatili.

7. Quando gli accertamenti qualitativi di cui al comma 6 hanno dato esito positivo o in ogni caso di sinistro marittimo ovvero quando si abbia altrimenti motivo di ritenere che il conduttore dell'unità da diporto si trovi in stato di alterazione psico-fisica derivante dall'influenza dell'alcool, gli organi accertatori, anche accompagnandolo presso il più vicino ufficio o comando, hanno la facoltà di effettuare l'accertamento con strumenti e

procedure determinati con decreto del Ministro delle infrastrutture e dei trasporti, di concerto con i Ministri dell'interno, della giustizia e della salute, sentito il Consiglio superiore di sanità, previa acquisizione del parere del Garante per la protezione dei dati personali ai sensi dell'articolo 154, comma 4, del decreto legislativo 30 giugno 2003, n. 196, e senza nuovi o maggiori oneri a carico della finanza pubblica.

8. Qualora non sia possibile effettuare l'accertamento di cui al comma 7 o il conduttore rifiuti di sottoporsi allo stesso, gli agenti accertatori, fatti salvi gli ulteriori obblighi previsti dalla legge, accompagnano il conduttore presso le strutture sanitarie delle amministrazioni o presso le strutture sanitarie pubbliche o presso quelle accreditate o comunque a tali fini equiparate, per l'accertamento del tasso alcolemico. Le medesime disposizioni si applicano in caso di sinistri marittimi, compatibilmente con le attività di accertamento e di soccorso. In tal caso, le strutture sanitarie, su richiesta degli organi accertatori, effettuano anche gli accertamenti sul conduttore di unità da diporto coinvolto in sinistri marittimi e sottoposto alle cure mediche, nonché rilasciano agli organi accertatori la relativa certificazione, assicurando il rispetto della riservatezza dei dati in base alle vigenti disposizioni di legge. Copia della certificazione e del referto sanitario in caso di cure mediche deve essere tempestivamente trasmessa, a cura dell'organo accertatore che ha proceduto agli accertamenti, all'autorità competente che ha rilasciato la patente nautica per gli eventuali provvedimenti di competenza.

9. Qualora gli accertamenti di cui ai commi 6 e 7 hanno dato esito positivo, gli organi accertatori possono disporre il ritiro della patente nautica per un periodo non superiore a dieci giorni. La patente nautica può essere ritirata anche nel caso in cui l'esito degli accertamenti di cui al comma 8 non è immediatamente disponibile. La patente nautica ritirata è depositata presso l'ufficio o il comando da cui dipende l'organo accertatore.

10. Qualora dall'accertamento di cui ai commi 7 o 8 risulta un valore corrispondente a un tasso alcolemico superiore a 0,5 grammi per litro (g/l), l'interessato è considerato in stato di ebbrezza ai fini dell'applicazione delle sanzioni di cui al comma 2.

11. Salvo che il fatto costituisca reato, in caso di rifiuto dell'accertamento di cui ai commi 6, 7 o 8, il conduttore dell'unità da diporto è punito con la sanzione di cui al comma 2, lettera c), primo periodo.

12. Alla sanzione per la violazione di cui al comma 2, lettera c), consegue in ogni caso il sequestro dell'unità, salvo che la stessa appartenga a persona estranea alla violazione. Con provvedimento dell'autorità competente che ha disposto la sospensione della patente nautica è ordinato che il conduttore dell'unità da diporto si sottoponga a visita medica secondo le disposizioni del comma 13.

13. Con il provvedimento con il quale è disposta la sospensione della patente nautica, al fine di verificare il mantenimento dei requisiti psico-fisici, l'autorità competente che ha rilasciato la patente nautica ordina che il conduttore dell'unità da diporto si sottoponga a visita medica presso gli uffici delle aziende sanitarie locali territorialmente competenti, cui sono attribuite funzioni in materia medico-legale, che deve avvenire nel termine di sessanta giorni.

Art. 53-ter.
Conduzione di unità da diporto sotto l'influenza dell'alcool per soggetti di età inferiore a ventuno anni e per coloro che conducono una unità da diporto utilizzata a fini commerciali[149]

1. E' vietato assumere o ritenere il comando o la condotta ovvero la direzione nautica di un'unità da diporto dopo aver assunto bevande alcoliche e sotto l'influenza di queste per:
a) i soggetti di età inferiore ad anni ventuno;
b) coloro che utilizzano l'unità da diporto a fini commerciali di cui all'articolo 2, comma 1, del presente codice.
2. I soggetti di cui al comma 1 che assumono o ritengono il comando o la condotta ovvero la direzione nautica di un'unità da diporto dopo aver assunto bevande alcoliche e sotto l'influenza di queste sono puniti con la sanzione amministrativa del pagamento di una somma da 500 euro a 2000 euro, qualora sia stato accertato un valore corrispondente a un tasso alcolemico superiore a 0 (zero) e non superiore a 0,5 grammi per litro (g/l). Nel caso in cui i soggetti di cui al comma 1, nelle condizioni di cui al periodo precedente, provocano un sinistro marittimo, le sanzioni di cui al medesimo periodo sono raddoppiate ed è disposto il sequestro, salvo che l'unità appartenga a persona estranea all'illecito.
3. Per i soggetti di cui al comma 1, ove incorrono negli illeciti di cui all'articolo 53-bis, comma 2, lettera a), le sanzioni ivi previste sono aumentate di un terzo; ove incorrano negli illeciti di cui all'articolo 53-bis, comma 2, lettere b) e c), le sanzioni ivi previste sono aumentate da un terzo alla metà.
4. La patente nautica è sempre revocata, qualora sia stato accertato un valore corrispondente a un tasso alcolemico superiore a 1,5 grammi per litro (g/l) per i soggetti di cui alla lettera b) del comma 1, ovvero in caso di reiterazione nel biennio per i soggetti di cui alla lettera a) del medesimo comma.
5. Si applicano le disposizioni di cui all'articolo 53-bis, commi 6, 7, 8, 9, 10 e 13. Salvo che il fatto costituisca reato, in caso di rifiuto dell'accertamento

---

[149] Articolo inserito dall'art. 39, comma 1, D. Lgs. 3 novembre 2017, n. 229.

di cui ai commi 6, 7 o 8 dell'articolo 53-bis, il conduttore dell'unità da diporto è soggetto alle sanzioni previste dal comma 2, lettera c), del medesimo articolo, aumentate da un terzo alla metà. All'accertamento della violazione consegue in ogni caso la sanzione amministrativa accessoria della sospensione della patente nautica da uno a due anni. La patente nautica è sempre revocata, in caso di reiterazione nel biennio.

Art. 53-quater.
Conduzione di unità da diporto in stato di alterazione psico-fisica per uso di sostanze stupefacenti o psicotrope[150]

1. Chiunque assume o ritiene il comando o la condotta ovvero la direzione nautica di un'unità da diporto in stato di alterazione psico-fisica dopo aver assunto sostanze stupefacenti o psicotrope è punito, ove il fatto non costituisca reato, con la sanzione amministrativa da 2755 euro a 11017 euro. All'accertamento della violazione consegue in ogni caso la sanzione amministrativa accessoria della sospensione della patente nautica da uno a due anni. Per i soggetti di cui al comma 1, lettere a) e b), dell'articolo 53-ter, le sanzioni di cui al primo e al secondo periodo del presente comma sono aumentate da un terzo alla metà. Le sanzioni sono raddoppiate nel caso di comando o condotta di una nave da diporto. La patente nautica è sempre revocata quando la violazione è commessa da uno dei conduttori di cui alla lettera b) del citato comma 1 dell'articolo 53-ter, ovvero in caso di reiterazione nel biennio.
2. Se il conduttore di unità da diporto in stato di alterazione psico-fisica provoca un sinistro marittimo, le sanzioni di cui al comma 1 sono raddoppiate ed è disposto il sequestro dell'unità, salvo che l'unità appartenga a persona estranea all'illecito.
3. Le sanzioni amministrative previste dal comma 2 sono aumentate da un terzo alla metà quando la violazione è commessa dopo le ore 22 e prima delle ore 7.
4. Al fine di acquisire elementi utili per motivare l'obbligo di sottoposizione agli accertamenti di cui al comma 6, gli organi accertatori, secondo le direttive fornite dal Ministro delle infrastrutture e dei trasporti e dal Ministro della salute, previa acquisizione del parere del Garante per la protezione dei dati personali ai sensi dell'articolo 154, comma 4, del decreto legislativo 30 giugno 2003, n. 196, nel rispetto della riservatezza personale e senza pregiudizio per l'integrità fisica, possono sottoporre i conduttori delle unità da diporto ad accertamenti qualitativi non invasivi o a prove, anche attraverso apparecchi portatili.

---

[150] Articolo inserito dall'art. 40, comma 1, D. Lgs. 3 novembre 2017, n. 229.

5. Quando gli accertamenti qualitativi di cui al comma 4 hanno dato esito positivo, ovvero quando si ha altrimenti ragionevole motivo di ritenere che il conduttore dell'unità da diporto si trovi sotto l'effetto conseguente all'uso di sostanze stupefacenti o psicotrope, il conduttore, nel rispetto della riservatezza personale e senza pregiudizio per l'integrità fisica, può essere sottoposto ad accertamenti clinico-tossicologici e strumentali ovvero analitici su campioni di mucosa del cavo orale prelevati a cura di personale sanitario ausiliario delle amministrazioni competenti previsto dalla normativa vigente. Con decreto del Ministro delle infrastrutture e dei trasporti, di concerto con i Ministri dell'interno, della giustizia e della salute, sentito il Consiglio superiore di sanità, da adottare entro sessanta giorni, sono stabilite le modalità, senza nuovi o maggiori oneri a carico della finanza pubblica, di effettuazione degli accertamenti di cui al periodo precedente e le caratteristiche degli strumenti da impiegare negli accertamenti medesimi. Ove necessario a garantire la neutralità finanziaria di cui al precedente periodo, il medesimo decreto può prevedere che gli accertamenti di cui al presente comma siano effettuati, anziché su campioni di mucosa del cavo orale, su campioni di fluido del cavo orale.
6. Nei casi previsti dal comma 5, qualora non sia possibile effettuare il prelievo a cura del personale sanitario ausiliario delle amministrazioni ovvero qualora il conduttore rifiuti di sottoporsi a tale prelievo, gli agenti accertatori, fatti salvi gli ulteriori obblighi previsti dalla legge, accompagnano il conduttore presso le strutture sanitarie delle amministrazioni o presso le strutture sanitarie pubbliche o presso quelle accreditate o comunque a tali fini equiparate, per il prelievo di campioni di liquidi biologici ai fini dell'effettuazione degli esami necessari ad accertare la presenza di sostanze stupefacenti o psicotrope. Le medesime disposizioni si applicano in caso di sinistri marittimi, compatibilmente con le attività di accertamento e di soccorso.
7. Le strutture sanitarie di cui al comma 6, su richiesta degli organi accertatori, effettuano anche gli accertamenti sul conduttore di unità da diporto coinvolto in sinistri marittimi e sottoposto alle cure mediche, ai fini indicati al comma 6. Gli accertamenti possono riguardare anche il tasso alcolemico così come previsto negli articoli 53-bis e 53-ter del presente codice.
8. Le strutture sanitarie di cui al comma 6 rilasciano agli organi accertatori la relativa certificazione, estesa alla prognosi delle lesioni accertate, assicurando il rispetto della riservatezza dei dati in base alle vigenti disposizioni di legge. Copia del referto sanitario deve essere tempestivamente trasmessa, a cura dell'organo accertatore che ha proceduto agli accertamenti, all'autorità competente che ha rilasciato la patente nautica per gli eventuali provvedimenti di competenza.

9. Qualora l'esito degli accertamenti di cui ai commi 5, 6, 7 non sia immediatamente disponibile e gli accertamenti di cui al comma 4 abbiano dato esito positivo, se ricorrono fondati motivi per ritenere che il conduttore si trovi in stato di alterazione psico-fisica dopo l'assunzione di sostanze stupefacenti o psicotrope, gli organi accertatori possono disporre il ritiro della patente nautica fino all'esito degli accertamenti e, comunque, per un periodo non superiore a dieci giorni. La patente nautica è ritirata ed è depositata presso l'ufficio o il comando da cui dipende l'organo accertatore.

10. L'autorità competente che ha rilasciato la patente nautica, sulla base dell'esito degli accertamenti analitici di cui al comma 5, ovvero della certificazione rilasciata dai centri di cui al comma 6, al fine di verificare il mantenimento dei requisiti psico-fisici, ordina che il conduttore dell'unità da diporto si sottoponga a visita medica presso gli uffici delle aziende sanitarie locali territorialmente competenti, cui sono attribuite funzioni in materia medico-legale, che deve avvenire nel termine di novanta giorni e dispone la sospensione in via cautelare della patente nautica fino all'esito della visita medica.

11. Salvo che il fatto costituisca reato, in caso di rifiuto dell'accertamento di cui ai commi 4, 5 e 6, il conduttore dell'unità da diporto è soggetto alla sanzione di cui all'articolo 53-bis, comma 2, lettera c). Con il provvedimento con il quale è disposta la sospensione della patente nautica, al fine di verificare il mantenimento dei requisiti psico-fisici, l'autorità competente che ha rilasciato la patente nautica ordina che il conduttore dell'unità da diporto si sottoponga a visita medica presso gli uffici delle aziende sanitarie locali territorialmente competenti, cui sono attribuite funzioni in materia medico-legale, che deve avvenire nel termine di sessanta giorni.

Art. 53-quinquies.
Sospensione della licenza di navigazione e ritiro della dichiarazione di potenza[151]

1. La sanzione accessoria della sospensione della licenza di navigazione da quindici a sessanta giorni, qualora il trasgressore sia il proprietario o l'armatore o l'utilizzatore dell'unità da diporto in locazione finanziaria, si applica:
a) per le violazioni di cui all'articolo 53, comma 1;
b) per le violazioni di cui all'articolo 53-bis, comma 2;
c) per le violazioni di cui all'articolo 53-ter, comma 2;
d) per le violazioni di cui all'articolo 53-quater, comma 1;
e) per le violazioni di cui all'articolo 55, comma 3;

---

[151] Articolo inserito dall'art. 41, comma 1, D. Lgs. 3 novembre 2017, n. 229.

f) nei casi in cui le violazioni di cui all'articolo 53, comma 9, sono reiterate nei due anni dal compimento della prima violazione.

2. Il periodo di sospensione di cui al comma 1 è riportato sulla licenza di navigazione.

3. Se le violazioni di cui al comma 1 sono commesse mediante utilizzo di un natante da diporto, si procede al ritiro della dichiarazione di potenza o del documento equivalente da parte dell'organo accertatore per un periodo di tempo da quindici a sessanta giorni.

4. In caso di navigazione con licenza di navigazione sospesa o senza la dichiarazione di potenza o documento equivalente in quanto ritirati, è disposto il sequestro cautelare amministrativo dell'unità da diporto, di cui all'articolo 13 della legge 24 novembre 1981, n. 689.

Art. 54.
Abusivo utilizzo della autorizzazione alla navigazione temporanea[152]

1. Chiunque utilizza l'autorizzazione alla navigazione temporanea per navigare fuori dei casi previsti dall'articolo 31, comma 1, è soggetto alla sanzione amministrativa del pagamento di una somma da 2755 euro a 11017 euro.

Art. 55.
Esercizio abusivo delle attività commerciali con unità da diporto[153]

1. Chiunque esercita le attività di cui all'articolo 2, comma 1, del presente codice senza l'osservanza delle disposizioni di cui al comma 2 del medesimo articolo ovvero utilizza unità da diporto per attività diverse da quelle cui sono adibite o esercita con unità da diporto le attività di trasporto di persone a titolo oneroso di cui agli articoli da 396 a 418 del codice della navigazione, è soggetto alla sanzione amministrativa del pagamento di una somma da 2775 euro a 11017 euro.

2. Alla stessa sanzione è soggetto chiunque non presenta la dichiarazione di cui all'articolo 2, comma 4.

3. Nel caso di impiego di unità da diporto per le attività di trasporto di persone a titolo oneroso di cui al comma 1, la patente nautica è sospesa da uno a tre mesi e, se la violazione è reiterata nel biennio, la patente nautica è revocata.

---

[152] Articolo così sostituito dall'art. 42, comma 1, D. Lgs. 3 novembre 2017, n. 229.
[153] Articolo così sostituito dall'art. 43, comma 1, D. Lgs. 3 novembre 2017, n. 229.

Art. 55-bis.
Sanzioni per danno ambientale[154]

1. Le sanzioni di cui agli articoli 53, 53-bis, 53-ter, 53-quater, 54 e 55 sono aumentate da un terzo alla metà nel caso in cui dalle violazioni ivi previste è derivato danno o pericolo di danno all'ambiente, salvo che il fatto costituisca reato.

2. In caso di danno o pericolo di danno all'ambiente è sempre disposta la revoca della patente nautica, e, nei casi di maggiore gravità, è disposto il sequestro dell'unità da diporto.

Art. 56.
Inosservanza di norme in materia di costruzione e progettazione di unità da diporto

[1. Il costruttore, il suo mandatario stabilito nel territorio comunitario o il responsabile dell'immissione in commercio, che pongono in commercio o in servizio prodotti di cui all'articolo 4, comma 1, non conformi alle disposizioni del titolo I, capo II o di cui sia stata accertata la pericolosità ai sensi dell'articolo 12, sono puniti con la sanzione amministrativa del pagamento di una somma da euro ventimilaseicentocinquantotto a euro centoventitremilanovecentoquarantanove.

2. Il costruttore o il suo mandatario stabilito nel territorio comunitario o il responsabile dell'immissione in commercio, che non ottemperino agli ordini delle amministrazioni vigilanti di cui all'articolo 11, sono puniti con la sanzione amministrativa del pagamento di una somma da euro 25.822 a euro 154.937.

3. Salvo che il fatto non costituisca reato, chiunque apponga indebitamente la marcatura CE in violazione delle disposizioni dell'articolo 8, è punito con la sanzione amministrativa del pagamento di una somma da euro 20.658 a euro 123.149.

4. Chiunque venda prodotti di cui all'articolo 4, comma 1, non conformi alle disposizioni dettate dal titolo I, capo II, o di cui sia stata accertata la pericolosità ai sensi dell'articolo 12, è punito con la sanzione amministrativa del pagamento di una somma da euro 20.658 a euro 123.949.

5. Chiunque installi componenti o motori non conformi alle disposizioni dettate dal titolo I, capo II, o di cui sia stata accertata la pericolosità ai sensi dell'articolo 12, è punito con la sanzione amministrativa del pagamento di una somma da 10.129 euro a 61.974 euro.

6. Chiunque violi gli obblighi di conservazione e di esibizione della documentazione di cui all'articolo 11 è punito con la sanzione

---

[154] Articolo inserito dall'art. 44, comma 1, D. Lgs. 3 novembre 2017, n. 229.

amministrativa del pagamento di una somma da 2.582 euro a 15.493 euro. Le amministrazioni vigilanti di cui all'articolo 11 possono disporre il temporaneo divieto di commercializzazione dei prodotti di cui all'articolo 4, comma 1, fino alla produzione della documentazione.]

Art. 57.
Rapporto delle violazioni
1. Per gli illeciti amministrativi di cui al presente codice in materia di navigazione marittima, le autorità competenti a ricevere il rapporto previsto dall'articolo 17, comma 1, della legge 24 novembre 1981, n. 689, sono le Capitanerie di porto.
2. Per gli illeciti amministrativi in materia di costruzione e progettazione di unità da diporto, le autorità competenti a ricevere il rapporto previsto dall'articolo 17, comma 1, della legge 24 novembre 1981, n. 689, sono le Capitanerie di Porto ed emettono l'ordinanza di cui all'articolo 18 della legge 24 novembre 1981, n. 689, sentito il parere delle competenti Direzioni generali del Ministero delle infrastrutture e dei trasporti e del Ministero dello sviluppo economico, le quali in qualità di Autorità di vigilanza, possono disporre attività ispettive supplementari. Il funzionario o l'agente che ha accertato la violazione, anche in caso di pagamento in misura ridotta, trasmette copia dei verbali redatti alle predette Direzioni generali.

Art. 57-bis
Vendita e somministrazione di cibi e bevande. Commercio al dettaglio. Inquinamento acustico[155]
1. Fermo restando quanto previsto dal regolamento (CE) n. 852/2004 del Parlamento europeo e del Consiglio del 29 aprile 2004 sull'igiene dei prodotti alimentari, le regioni disciplinano la somministrazione itinerante di cibo e bevande, nonché le attività di commercio al dettaglio operate in mare e nelle acque interne mediante unità da diporto utilizzate a tale fine commerciale durante la stagione balneare. Con riguardo alle bevande alcoliche, la relativa somministrazione è disciplinata in maniera più restrittiva nelle aree interessate da intenso traffico diportistico e commerciale allo scopo di prevenire sinistri dovuti al loro abuso[156].
2. Con lo stesso provvedimento di cui al comma 1 è disciplinato l'utilizzo di diffusori altoparlanti sui mezzi nautici durante la stagione balneare, allo scopo di contrastare il fenomeno dell'inquinamento acustico.

---

[155] Rubrica così modificata dal Decreto Legislativo 12 novembre 2020, n. 160.
[156] Così modificato dal Decreto Legislativo 12 novembre 2020, n. 160.

2-bis. Il Corpo delle capitanerie di porto - Guardia costiera, nell'ambito delle proprie competenze, vigila sul rispetto dei provvedimenti regionali di cui ai commi 1 e 2, irrogando le sanzioni previste dalle disposizioni vigenti.

Art. 57-ter.
Disposizioni procedurali e pagamento in misura ridotta[157]

1. In tutte le ipotesi in cui il presente codice prevede che a una determinata violazione consegue una sanzione amministrativa pecuniaria, si applicano le disposizioni generali contenute nelle sezioni I e II del capo I della legge 24 novembre 1981, n. 689, salvo quanto previsto dai commi 2 e 3 del presente articolo.

2. Per le violazioni per le quali il presente codice stabilisce una sanzione amministrativa pecuniaria, è ammesso il pagamento di una somma in misura ridotta pari alla terza parte del massimo della sanzione prevista per la violazione commessa o, se più favorevole e qualora sia stabilito il minimo della sanzione edittale, pari al doppio del relativo importo oltre alle spese del procedimento, entro il termine di sessanta giorni dalla contestazione o, se questa non vi è stata, dalla notificazione degli estremi della violazione.

3. La somma di cui al comma 2 è ridotta del 30 per cento se il pagamento è effettuato entro cinque giorni dalla contestazione o dalla notificazione. Nel verbale contestato o notificato devono essere indicate le modalità di pagamento con il richiamo delle norme sui versamenti.

4. La riduzione di cui al comma 3 non si applica alle violazioni del presente codice per cui è previsto il sequestro dell'unità da diporto o la sanzione amministrativa accessoria della sospensione o della revoca della patente nautica, nonché quando il trasgressore si è rifiutato di esibire la patente nautica, ove prevista, o qualsiasi altro documento che, ai sensi della normativa vigente, deve avere a bordo.

Titolo VI
DISPOSIZIONI COMPLEMENTARI, TRANSITORIE E FINALI

Art. 58.
Durata dei procedimenti

1. I procedimenti amministrativi relativi alle unità da diporto devono essere portati a termine entro sessanta giorni dalla data di presentazione della documentazione prescritta.[158]

---

[157] Articolo inserito dall'art. 46, comma 1, D. Lgs. 3 novembre 2017, n. 229.
[158] Comma così modificato dall'art. 9, comma 9, lett. c), D.L. 16 giugno 2022, n. 68, convertito, con modificazioni, dalla L. 5 agosto 2022, n. 108.

1-bis. Il termine di cui al comma 1 è ridotto a sette giorni in caso di richiesta di estratto dai registri o copie di documenti.[159]

2. Il termine di cui al comma 1 si applica anche al procedimento di rilascio del certificato limitato di radiotelefonista per l'uso di apparati radiotelefonici installati a bordo di navi di stazza lorda inferiore alle centocinquanta tonnellate, con potenza non superiore a 60 watts, di cui all'articolo 2-bis del decreto del Ministro per le poste e le telecomunicazioni in data 21 novembre 1956, pubblicato nella Gazzetta Ufficiale della Repubblica italiana in data 23 febbraio 1957, n. 50, e successive modificazioni, qualora il predetto certificato riguardi l'uso di apparati installati a bordo di unità da diporto.

Art. 59.
Arrivi e partenze delle unità da diporto e delle navi di cui all'articolo 3 della legge 8 luglio 2003, n. 172[160]

1. Le unità da diporto di qualsiasi bandiera, se non adibite ad attività commerciale, sono esenti dall'obbligo di presentazione della nota di informazioni all'autorità marittima all'arrivo in porto e dal rilascio delle spedizioni prima della partenza dal porto stesso.

2. Alle unità da diporto battenti bandiera dell'Unione europea adibite ad attività commerciale e alle navi di cui all'articolo 3 della legge 8 luglio 2003, n. 172, si applicano le disposizioni di cui al comma 1.

3. Le unità da diporto battenti bandiera di Stati non appartenenti all'Unione europea adibite ad attività commerciale sono tenute a espletare le formalità di arrivo presso l'autorità marittima del primo porto di approdo nazionale con rilascio delle spedizioni per mare aventi validità di un anno, nonché a espletare le formalità di partenza quando lasciano l'ultimo porto nazionale con rilascio delle spedizioni per l'estero. Le formalità possono essere espletate per via telematica anche tramite il locale raccomandatario marittimo, il quale inoltra alla competente autorità la lista dei componenti l'equipaggio e la lista dei passeggeri sottoscritta dal comandante.

Art. 60.
Denuncia di evento straordinario

1. Se nel corso della navigazione o durante la sosta in porto si sono verificati eventi straordinari relativi all'unità da diporto o alle persone a bordo, il comandante dell'unità da diporto deve farne denuncia all'autorità marittima o consolare entro tre giorni dall'arrivo in porto con le modalità di

---

[159] Comma inserito dall'art. 47, comma 1, D. Lgs. 3 novembre 2017, n. 229.
[160] Articolo così sostituito dall'art. 48, comma 1, D. Lgs. 3 novembre 2017, n. 229.

cui all'articolo 38 del decreto del Presidente della Repubblica 28 dicembre 2000, n. 445.

2. In caso di eventi che abbiano coinvolto l'incolumità fisica di persone o l'integrità ambientale, il termine di cui al comma 1 è ridotto a ventiquattro ore.[161]

3. Le autorità di cui al comma 1 procedono, ove sia il caso, ad investigazioni sommarie sui fatti denunciati e sulle loro cause.

3-bis. Presso il Ministero delle infrastrutture e dei trasporti è istituito, nel rispetto delle disposizioni del codice dell'amministrazione digitale e delle regole tecniche adottate ai sensi dell'articolo 71 del medesimo codice, l'archivio nazionale dei prodotti delle unità da diporto[162].

3-ter. L'archivio di cui al comma 3-bis registra, ai sensi dell'articolo 18, comma 2, del regolamento (CE) n. 765/2008 del Parlamento europeo e del Consiglio del 9 luglio 2008, gli infortuni e i danni alla salute, che possono essere causati dai prodotti di cui all'articolo 2, comma 1, del decreto legislativo 11 gennaio 2016, n. 5[163].

3-quater. L'archivio di cui al comma 3-bis è informatizzato ed è popolato e aggiornato con i dati risultanti dalle investigazioni di cui al comma 3. L'archivio contiene dati di natura tecnica e dati relativi agli infortuni e ai danni alla salute anonimizzati. In nessun caso l'archivio registra dati personali identificativi dei soggetti coinvolti nei sinistri[164].

3-quinquies. Con il regolamento di attuazione del presente codice è stabilita l'organizzazione e il funzionamento dell'archivio di cui al comma 3-bis, l'accesso allo stesso e le modalità e i tempi per la trasmissione dei dati da parte delle autorità marittime, della navigazione interna e consolari[165].

3-sexies. Dall'attuazione delle disposizioni di cui ai commi da 3-bis a 3-quinquies del presente articolo non devono derivare nuovi o maggiori oneri per la finanza pubblica[166].

Art. 61.
Disposizioni in materia di sinistri e inchieste formali

1. In caso di sinistro concernente in modo esclusivo unità da diporto non adibite ad uso commerciale, ove dal fatto non derivi l'apertura di un procedimento penale, l'inchiesta formale di cui all'articolo 579 del codice della navigazione è disposta soltanto ad istanza degli interessati.

---

[161] Comma così modificato dall'art. 49, comma 1, D. Lgs. 3 novembre 2017, n. 229.
[162] Aggiunto dal Decreto Legislativo 12 novembre 2020, n. 160.
[163] Aggiunto dal Decreto Legislativo 12 novembre 2020, n. 160.
[164] Aggiunto dal Decreto Legislativo 12 novembre 2020, n. 160.
[165] Aggiunto dal Decreto Legislativo 12 novembre 2020, n. 160.
[166] Aggiunto dal Decreto Legislativo 12 novembre 2020, n. 160.

Art. 62.
Iscrizione di unità da diporto destinate esclusivamente alla navigazione nelle acque interne

1. I proprietari di imbarcazioni da diporto non iscritte o cancellate dai registri delle imbarcazioni da diporto in quanto destinate alla sola navigazione nelle acque interne, devono provvedere all'iscrizione delle proprie unità entro novanta giorni dalla data di entrata in vigore del presente codice. A tal fine, qualora l'interessato non sia in possesso di uno dei titoli di proprietà, può essere presentata una dichiarazione sostitutiva di atto notorio con sottoscrizione autenticata dal notaio o da altro pubblico ufficiale a ciò autorizzato, comprensiva dell'attestazione che l'unità ha navigato esclusivamente in acque interne.

2. Per l'iscrizione delle imbarcazioni da diporto di cui al comma 1 la documentazione tecnica può essere sostituita da un'attestazione di idoneità rilasciata da un organismo notificato ai sensi dell'articolo 10, ovvero autorizzato ai sensi del decreto legislativo 3 agosto 1998, n. 314, qualora l'unità sia stata immessa in commercio o messa in servizio in uno degli Stati membri dell'area economica europea prima del 16 giugno 1998.

3. Le imbarcazioni da diporto di cui al comma 1, già iscritte e cancellate dai registri delle imbarcazioni da diporto, possono essere nuovamente iscritte presso lo stesso ufficio sulla base della documentazione di proprietà e tecnica agli atti del predetto ufficio. L'ufficio di iscrizione può disporre, a spese dell'interessato, una visita di ricognizione dell'unità da parte di un organismo notificato ai sensi dell'articolo 10 ovvero autorizzato ai sensi del decreto legislativo 3 agosto 1998, n. 314.

Art. 63.
Tariffe per prestazioni e servizi

1. Alle procedure relative all'attestazione di conformità delle unità da diporto e dei loro componenti e a quelle finalizzate alla designazione degli organismi abilitati ad attestare la conformità, alla vigilanza sugli organismi stessi, nonché all'effettuazione dei controlli sui prodotti, si applicano le disposizioni dell'articolo 47 della legge 6 febbraio 1996, n. 52.

1-bis. Per le prestazioni e i servizi, diversi da quelli previsti dal comma 1, erogati attraverso il Sistema telematico centrale della nautica da diporto (SISTE), gli interessati sono tenuti al pagamento dei diritti previsti con decreto del Ministro delle infrastrutture e dei trasporti, adottato di concerto con il Ministro dell'economia e delle finanze.[167]

2. Per le prestazioni e i servizi, diversi da quelli previsti dal comma 1 e 1-bis, da richiedere agli organi competenti, gli interessati sono tenuti al

---

[167] Comma inserito dall'art. 50, comma 1, lett. a), D. Lgs. 3 novembre 2017, n. 229.

pagamento dei diritti e dei compensi previsti nella tabella A contenuta nell'allegato XVI, nonché dei tributi speciali previsti dalla tabella D allegata al decreto-legge 31 luglio 1954, n. 533, convertito, con modificazioni, dalla legge 26 settembre 1954, n. 869, come sostituita dall'allegato 1 alla legge 6 agosto 1991, n. 255. Conseguentemente le tariffe di cui ai numeri da 8 a 14 della tabella 3 allegata alla legge 1° dicembre 1986, n. 870, e successive modifiche, si applicano relativamente alle prestazioni ed ai servizi diversi da quelli riguardanti la nautica da diporto.[168]

3. Con decreto del Ministro delle infrastrutture e dei trasporti, adottato di concerto con il Ministro dell'economia e delle finanze, gli importi dei diritti e dei compensi di cui ai commi 1-bis e 2 sono aggiornati ogni due anni in misura pari all'intera variazione, accertata dall'ISTAT, dell'indice dei prezzi al consumo per le famiglie di operai ed impiegati, media nazionale, verificatasi nei due anni precedenti.[169]

3-bis. Gli introiti derivanti dai diritti previsti dal comma 1-bis affluiscono a un apposito capitolo dello stato di previsione dell'entrata del bilancio dello Stato, per essere interamente riassegnati, con decreto del Ministro dell'economia e delle finanze, su specifico capitolo di spesa del Ministero delle infrastrutture e dei trasporti per il funzionamento del Sistema telematico centrale della nautica da diporto (SISTE).[170]

4. Gli introiti derivanti dai diritti e compensi previsti nella tabella A contenuta nell'allegato XVI, affluiscono ad un apposito capitolo dello stato di previsione dell'entrata del bilancio dello Stato, per essere riassegnati, fino al limite del venticinque per cento, con decreto del Ministro dell'economia e delle finanze, ad un fondo istituito presso il Ministero delle infrastrutture e dei trasporti per interventi da definire, nei limiti delle predette risorse, con decreto del Ministro delle infrastrutture e dei trasporti, di concerto con il Ministro dell'economia e delle finanze.

Art. 64.
Diritti di ammissione agli esami per il conseguimento delle patenti nautiche

1. L'ammissione agli esami per il conseguimento delle patenti nautiche è subordinata al pagamento di un diritto commisurato al costo sostenuto dall'amministrazione per la gestione delle relative procedure.

---

[168] Comma così modificato dall'art. 50, comma 1, lett. b), D. Lgs. 3 novembre 2017, n. 229.
[169] Comma così modificato dall'art. 50, comma 1, lett. c), D. Lgs. 3 novembre 2017, n. 229.
[170] Comma inserito dall'art. 50, comma 1, lett. d), D. Lgs. 3 novembre 2017, n. 229.

2. L'ammontare del predetto diritto è stabilito con decreto del Ministro delle infrastrutture e dei trasporti, il quale viene aggiornato periodicamente e secondo necessità[171].

Art. 65.
Regolamento di attuazione
1. Il Ministero delle infrastrutture e dei trasporti, di concerto con le amministrazioni interessate, adotta, ai sensi dell'articolo 17, comma 3, della legge 23 agosto 1988, n. 400, entro novanta giorni dalla data di entrata in vigore del presente decreto legislativo, un decreto ministeriale al fine di disciplinare, secondo criteri di semplificazione dei procedimenti amministrativi, le materie di seguito indicate:
a) modalità di iscrizione nell'Archivio telematico centrale delle unità da diporto (ATCN) delle navi, delle imbarcazioni da diporto e delle imbarcazioni autocostruite, ivi compresa la disciplina relativa alla iscrizione provvisoria delle imbarcazioni e delle navi da diporto;[172]
b) procedure relative alla cancellazione delle unità da diporto dall'Archivio telematico centrale delle unità da diporto (ATCN);[173]
c) disciplina relativa ai casi di perdita di possesso delle unità da diporto;
d) procedimento per il rilascio e il rinnovo dei documenti delle unità da diporto attraverso il Sistema telematico centrale della nautica da diporto (SISTE);[174]
e) disciplina del regime amministrativo degli apparati ricetrasmittenti di bordo;
f) disciplina relativa ai titoli abilitativi per il comando, la condotta e la direzione nautica delle unità da diporto, ivi compresa l'introduzione di nuovi criteri in materia di requisiti fisici per il conseguimento della patente nautica, in particolare per le persone disabili e l'uso obbligatorio di dispositivi elettronici in grado di consentire, in caso di caduta in mare, oltre alla individuazione della persona, la disattivazione del pilota automatico e l'arresto dei motori;
g) sicurezza della navigazione e delle unità da diporto, ivi comprese quelle impiegate in attività di noleggio o come unità appoggio per le immersioni subacquee a scopo sportivo o ricreativo;
[h) individuazione, in base alle esigenze del territorio su cui operano e alla distanza dagli uffici marittimi detentori dei registri di iscrizione, degli uffici provinciali del Dipartimento per i trasporti terrestri e per i sistemi

---

[171] Così modificato dal Decreto Legislativo 12 novembre 2020, n. 160.
[172] Lettera così modificata dall'art. 51, comma 1, lett. a), D. Lgs. 3 novembre 2017, n. 229.
[173] Lettera così sostituita dall'art. 51, comma 1, lett. b), D. Lgs. 3 novembre 2017, n. 22.
[174] Lettera così sostituita dall'art. 51, comma 1, lett. c), D. Lgs. 3 novembre 2017, n. 229.

informativi e statistici del Ministero delle infrastrutture e dei trasporti, autorizzati a tenere i registri di iscrizione delle imbarcazioni da diporto;[175]]

i) normativa tecnica per i motori a doppia alimentazione, a benzina ed a gas di petrolio liquido;

l) disciplina relativa alla navigazione temporanea e condizioni di sicurezza da osservare durante la predetta navigazione;[176]

m) disciplina relativa ai procedimenti amministrativi gestiti attraverso lo Sportello telematico del diportista (STED) e del relativo regolamento di attuazione.[177]

2. Fino all'entrata in vigore del regolamento di cui al comma 1 si applicano le disposizioni regolamentari vigenti.

Art. 66.
Disposizioni abrogative

1. A decorrere dalla data di entrata in vigore del presente codice sono abrogate le seguenti disposizioni:

a) gli articoli 213, 214, 215, 216, 218, 1212 e 1291 del codice della navigazione;

b) gli articoli 96, 97 e 98 del regolamento per la navigazione interna, approvato con decreto del Presidente della Repubblica 28 giugno 1949, n. 631;

c) gli articoli 314, comma 2, 401, 402, 403, 404, 405, 406, 407 e 538 del regolamento per l'esecuzione del codice della navigazione (navigazione marittima), approvato con decreto del Presidente della Repubblica 15 febbraio 1952, n. 328;

d) l'articolo 52 della legge 9 febbraio 1963, n. 82, e successive modificazioni;

e) la legge 11 febbraio 1971, n. 50, e successive modificazioni, dalla data di entrata in vigore del regolamento di cui all'articolo 65;

f) l'articolo 28 della legge 26 aprile 1986, n. 193;

g) gli articoli 5 e 10 della legge 5 maggio 1989, n. 171;

h) il decreto-legge 16 giugno 1994, n. 378, convertito, con modificazioni, dalla legge 8 agosto 1994, n. 498, e successive modificazioni;

i) gli articoli dall'1 al 18, 20 e 21 del decreto legislativo 14 agosto 1996, n. 436, e successive modificazioni;

l) i commi 8, 9, 10 dell'articolo 10 ed il comma 3-bis dell'articolo 15 del decreto-legge 21 ottobre 1996, n. 535, convertito dalla legge 23 dicembre 1996, n. 647.

---

[175] Lettera abrogata dall'art. 51, comma 1, lett. d), D. Lgs. 3 novembre 2017, n. 229.

[176] Lettera così modificata dall'art. 51, comma 1, lett. e), D. Lgs. 3 novembre 2017, n. 229.

[177] Lettera così sostituita dall'art. 51, comma 1, lett. f), D. Lgs. 3 novembre 2017, n. 229.

2. A decorrere dalla data di entrata in vigore del regolamento di cui all'articolo 2, comma 3, della legge 8 luglio 2003, n. 172, sono abrogati i commi dall'1 al 7 dell'articolo 10 del decreto-legge 21 ottobre 1996, n. 535, convertito, con modificazioni, dalla legge 23 dicembre 1996, n. 647.

3. Dalla data di entrata in vigore del presente codice è soppresso il n. 4 dell'allegato 1 alla legge 8 marzo 1999, n. 50.

Art. 67.
Disposizioni transitorie e finali

1. Dall'attuazione del presente decreto non devono derivare nuovi o maggiori oneri per la finanza pubblica.

Il presente decreto, munito del sigillo dello Stato, sarà inserito nella Raccolta ufficiale degli atti normativi della Repubblica italiana. E' fatto obbligo a chiunque spetti di osservarlo e di farlo osservare.

Allegati al Codice della nautica da diporto

Decreto legislativo, 18/07/2005 n° 171, G.U. 31/08/2005

Allegato I
Componenti
[1. Protezione antincendio per motori entrobordo e entrobordo con comando fuoribordo ("sterndrive").
2. Dispositivo che impedisce l'avviamento dei motori fuoribordo con marcia innestata.
3. Timone a ruota, meccanismo e cavi di comando.
4. Serbatoi destinati a impianti fissi e tubazioni del carburante.
5. Boccaporti e oblò prefabbricati.]

Allegato II
Requisiti essenziali
A. Requisiti essenziali per la progettazione e la costruzione dei prodotti di cui all'articolo 2, comma 1

1. CATEGORIE DI PROGETTAZIONE DELLE UNITA'.

Categoria di progettazione	Forza del vento (Scala Beaufort)	Altezza significativa delle onde da prendere in considerazione H1/3, metri)
A	superiore a 8	superiore a 4
B	fino a 8 compreso	fino a 4 compreso
C	fino a 6 compreso	fino a 2 compreso
D	fino a 4 compreso	fino a 0,3 compreso

<u>Note esplicative:</u>
A. Una imbarcazione o natante da diporto cui è attribuita la categoria di progettazione A è considerato progettato per venti che possono superare forza 8 (scala Beaufort) e un'altezza d'onda significativa superiore a 4 metri

ad esclusione di circostanze anomale come tempeste, tempeste violente, uragani, tornado e condizioni estreme di navigabilità o onde anomale.

B. Una imbarcazione o natante da diporto cui è attribuita la categoria di progettazione B è considerato progettato per una forza del vento fino a 8, compreso, e un'altezza d'onda significativa fino a 4 metri, compresi.

C. Una unità da diporto cui è attribuita la categoria di progettazione C è considerata progettata per una forza del vento fino a 6, compreso, e un'altezza d'onda significativa fino a 2 metri, compresi.

D. Una unità da diporto cui è attribuita la categoria di progettazione D è considerata progettata per una forza del vento fino a 4, compreso, e un'altezza d'onda significativa fino a 0,3 metri, compresi, con onde occasionali di altezza massima pari a 0,5 metri.

Le unità da diporto di ciascuna categoria di progettazione devono essere progettate e costruite per rispettare i parametri di stabilità, galleggiamento e altri pertinenti requisiti essenziali elencati nel presente allegato, nonché per essere dotate di buone caratteristiche di manovrabilità.

2. REQUISITI GENERALI

2.1. Identificazione dell'unità da diporto

Ogni unità da diporto è contrassegnata con un numero di identificazione, comprendente le seguenti informazioni:

1) codice del paese del fabbricante;
2) codice unico del fabbricante assegnato dal Ministero delle Infrastrutture e dei Trasporti o da altra Autorità da esso delegata;
3) numero di serie unico;
4) mese e anno di produzione;
5) anno del modello.

I requisiti dettagliati relativi al numero di identificazione di cui al primo comma sono stabiliti nella relativa norma armonizzata.

2.2. Targhetta del costruttore dell'unità da diporto

Ogni unità da diporto reca una targhetta fissata in modo inamovibile, separata dal numero d'identificazione dell'unità da diporto, contenente almeno le seguenti informazioni:

a) il nome, la denominazione commerciale registrata o il marchio registrato nonché il recapito del fabbricante;
b) la marcatura CE di cui all'articolo 17;
c) la categoria di progettazione dell'unità da diporto conformemente alla sezione 1;
d) la portata massima consigliata dal fabbricante desunta dal punto 3.6 escluso il peso del contenuto dei serbatoi fissi pieni;

e) il numero di persone raccomandato dal fabbricante per cui l'unità da diporto è stata progettata.

Nel caso di valutazione post-costruzione, i recapiti e i requisiti di cui alla lettera a) comprendono quelli dell'organismo notificato che ha effettuato la valutazione della conformità.

2.3. Protezione contro la caduta in mare e mezzi di rientro a bordo

Le unità da diporto sono progettate in modo da ridurre al minimo il rischio di caduta in mare e da facilitare il rientro a bordo. I mezzi di rientro a bordo sono accessibili o utilizzabili da una persona in acqua senza l'aiuto di altre persone.

2.4. Visibilità a partire dalla posizione principale di pilotaggio

In condizioni normali di uso (velocità e carico), la posizione principale di governo delle unità da diporto consente al timoniere una buona visibilità a 360°.

2.5. Manuale del proprietario

Ogni prodotto è dotato di un manuale del proprietario conformemente all'articolo 6, comma 7, e all'articolo 8, comma 4. Tale manuale fornisce tutte le informazioni necessarie per l'uso sicuro del prodotto attirando particolarmente l'attenzione su messa in opera, manutenzione, funzionamento regolare, prevenzione dei rischi e gestione dei rischi.

3. RESISTENZA E REQUISITI STRUTTURALI

3.1. Struttura

La scelta e la combinazione dei materiali e la costruzione dell'unità da diporto assicurano una resistenza adatta sotto tutti gli aspetti. Particolare attenzione è prestata alla categoria di progettazione conformemente alla sezione 1 e alla portata massima consigliata dal fabbricante di cui al punto 3.6.

3.2. Stabilità e bordo libero

L'unità da diporto ha una stabilità e un bordo libero adatti alla propria categoria di progettazione, conformemente alla sezione 1, nonché alla portata massima consigliata dal fabbricante conformemente al punto 3.6.

3.3. Galleggiabilità

L'unità da diporto è costruita in modo da garantire caratteristiche di galleggiabilità adeguate alla propria categoria di progettazione conformemente alla sezione 1 e alla portata massima consigliata dal fabbricante conformemente al punto 3.6. Tutte le unità da diporto multiscafo abitabili suscettibili di rovesciamento hanno una sufficiente galleggiabilità per restare a galla in posizione rovesciata.

Le unità da diporto inferiori a 6 metri hanno una riserva di galleggiabilità per consentire loro di galleggiare in caso di allagamento se usate secondo la loro categoria di progettazione.

3.4. Aperture nello scafo, nel ponte e nella sovrastruttura

Eventuali aperture nello scafo, nel ponte o nei ponti e nella sovrastruttura non pregiudicano la resistenza strutturale dell'unità da diporto e la sua resistenza agli agenti atmosferici quando si trovano in posizione chiusa.

Finestre, oblò, porte e portelli dei boccaporti resistono alla pressione dell'acqua prevedibile nella loro posizione specifica, nonché alle eventuali punte di carico applicate dalla massa delle persone che si muovono in coperta.

Le tubazioni che attraversano lo scafo, progettate per consentire il passaggio di acqua dentro o fuori dello scafo, al di sotto della linea di galleggiamento corrispondente alla portata massima consigliata dal fabbricante di cui al punto 3.6, sono munite di chiusure prontamente accessibili.

3.5. Allagamento

Tutte le unità da diporto sono progettate in modo da ridurre al minimo il rischio di affondamento.

Se del caso, particolare attenzione è riservata:

a) ai pozzetti e gavoni, che dovrebbero essere autosvuotanti o disporre di altri mezzi efficaci per impedire all'acqua di penetrare all'interno dell'unità da diporto;

b) agli impianti di ventilazione;

c) all'evacuazione dell'acqua con apposite pompe o altri mezzi.

3.6. Portata massima consigliata dal fabbricante

La portata massima consigliata dal fabbricante [carburante, acqua, provviste, attrezzi vari e persone (in chilogrammi)] per la quale l'unità da diporto è stata progettata è determinata conformemente alla categoria di progettazione (sezione 1), alla stabilità e al bordo libero (punto 3.2) e alla galleggiabilità (punto 3.3).

3.7. Alloggiamento della zattera di salvataggio

Tutte le imbarcazioni e i natanti da diporto delle categorie di progettazione A e B, nonché quelli appartenenti alle categorie di progettazione C e D di lunghezza superiore ai 6 metri, sono muniti di uno o più alloggiamenti per una o più zattere di salvataggio sufficientemente capienti per contenere il numero di persone raccomandato dai fabbricanti per il trasporto delle quali l'imbarcazione o natante da diporto è progettato. L'alloggiamento o gli alloggiamenti per le zattere di salvataggio sono facilmente accessibili in qualsiasi momento.

3.8. Evacuazione

Tutte le imbarcazioni e i natanti da diporto multiscafo abitabili suscettibili di rovesciamento sono muniti di mezzi di evacuazione efficaci in caso di rovesciamento. Se è previsto un mezzo di evacuazione da usare in posizione rovesciata, esso non compromette la struttura (punto 3.1), la stabilità (punto 3.2) o la galleggiabilità (punto 3.3), indipendentemente dal fatto che l'imbarcazione e il natante da diporto si trovi in posizione dritta o rovesciata.

Ogni imbarcazione e natante da diporto abitabile è munito di mezzi di evacuazione efficaci in caso di incendio.

3.9. Ancoraggio, ormeggio e rimorchio

A seconda della categoria di progettazione e delle caratteristiche, tutte le unità da diporto sono munite di uno o più attacchi per punti d'ancoraggio o di altro dispositivo atto a reggere in condizioni di sicurezza i carichi di ancoraggio, di ormeggio e di rimorchio.

4. CARATTERISTICHE DI MANOVRA

Il fabbricante provvede affinché le caratteristiche di manovra dell'unità da diporto, anche se munita del motore di propulsione più potente per il quale l'unità da diporto è progettata e costruita, siano soddisfacenti. Per tutti i motori di propulsione la potenza massima nominale del motore è specificata nel manuale del proprietario.

5. REQUISITI DI INSTALLAZIONE

5.1. Motori e compartimenti motore

5.1.1. Motore entrobordo

Tutti i motori entrobordo si trovano in un vano chiuso e isolato dai locali alloggio e sono installati in modo da ridurre al minimo il rischio di incendi o di propagazione di incendi nonché i pericoli derivanti da fumi tossici, calore, rumore o vibrazioni nei locali alloggio.

Le parti del motore e gli accessori che richiedono una frequente ispezione e/o manutenzione sono facilmente accessibili.

I materiali isolanti posti all'interno dei compartimenti motore non alimentano la combustione.

5.1.2. Ventilazione

Il compartimento motore è ventilato. Si deve ridurre al minimo l'ingresso di acqua nel compartimento motore attraverso le aperture.

5.1.3. Parti esposte

Le parti esposte del motore in movimento o calde, che potrebbero causare lesioni alle persone, sono efficacemente protette, a meno che il motore non sia protetto da una copertura o isolato nel proprio vano.

5.1.4. Avviamento del motore di propulsione fuoribordo

Ogni motore di propulsione fuoribordo montato su qualsiasi unità da diporto è dotato di un dispositivo atto a impedire che il motore sia avviato a marcia inserita, tranne il caso in cui:
a) il motore fornisca meno di 500 Newton (N) di spinta statica;
b) il motore disponga di un dispositivo di strozzamento che limiti la spinta a 500 N al momento dell'avviamento.

5.1.5. Moto d'acqua funzionanti senza conducente

Le moto d'acqua sono progettate o con un dispositivo automatico di arresto del motore di propulsione o con un dispositivo automatico che obbliga il veicolo a descrivere un movimento circolare in avanti a velocità ridotta quando il conducente scende deliberatamente dalla stessa o cade in acqua.

5.1.6. I motori di propulsione fuoribordo a timone sono dotati di un dispositivo di arresto d'emergenza che può essere collegato al timoniere.

5.2. Sistema di alimentazione del carburante

5.2.1. In generale

I dispositivi e le installazioni destinati a rabbocco, stivaggio, sfiato e alimentazione di carburante sono progettati ed installati in modo da ridurre al minimo il rischio d'incendio e di esplosione.

5.2.2. Serbatoi di carburante

I serbatoi, le tubazioni e le manichette per il carburante sono posti in una posizione sicura e separati o protetti da qualsiasi fonte significativa di calore. Il materiale dei serbatoi e i loro sistemi di costruzione sono adatti alla loro capacità e al tipo di carburante.
Gli spazi contenenti i serbatoi di benzina sono ventilati.
I serbatoi di benzina non fanno parte dello scafo e sono:

a) protetti da incendi provenienti da qualsiasi motore e da ogni altra fonte di ignizione;

b) isolati dai locali di alloggio.

I serbatoi di carburante diesel possono essere parte integrante dello scafo.

5.3. Sistema elettrico

Gli impianti elettrici sono progettati e installati in modo da garantire un funzionamento corretto dell'unità da diporto in condizioni di uso normale e ridurre al minimo il rischio d'incendio e di elettrocuzione.

Tutti i circuiti elettrici, ad eccezione dei circuiti di accensione del motore alimentati da batterie, rimangono sicuri se esposti al sovraccarico.

I circuiti di propulsione elettrica non interagiscono con altri circuiti in modo tale da renderli inidonei al funzionamento previsto.

E' garantita una ventilazione per evitare l'accumulo di gas esplosivi, eventualmente emessi dalle batterie. Le batterie sono assicurate fermamente e protette da infiltrazioni d'acqua.

5.4. Sistema di governo

5.4.1. In generale

I sistemi di governo e controllo della propulsione sono progettati, costruiti e installati in modo da garantire la trasmissione delle forze di governo in condizioni di funzionamento prevedibili.

5.4.2. Dispositivi di emergenza

Ogni imbarcazione o natante da diporto a vela e ogni imbarcazione o natante da diporto non a vela con un solo motore di propulsione, dotato di sistemi di governo con comando a distanza, è munito di dispositivi di emergenza per il governo a velocità ridotta.

5.5. Impianto del gas

Gli impianti del gas per uso domestico sono del tipo a prelievo di vapore e sono progettati e installati in modo da evitare perdite e il rischio di esplosione e in modo da controllarne la tenuta. I materiali e i componenti sono adatti al tipo specifico di gas utilizzato per resistere alle sollecitazioni e agli agenti incontrati in ambiente marino.

Ogni apparecchio a gas destinato dal fabbricante all'impiego per il quale è utilizzato è installato secondo le istruzioni del fabbricante. Ogni apparecchio che consuma gas deve essere alimentato da un ramo distinto del sistema di distribuzione e ogni apparecchio deve essere controllato da un dispositivo di chiusura separato. Deve essere prevista una ventilazione adeguata per prevenire i rischi dovuti ad eventuali perdite e prodotti di combustione.

Tutte le unità da diporto aventi un impianto del gas fisso sono dotate di un compartimento isolato per contenere le bombole del gas. Il compartimento è isolato dai locali di alloggio, accessibile solo dall'esterno e ventilato verso l'esterno in modo che qualsiasi fuga di gas sia convogliata fuoribordo.

In particolare, gli impianti del gas fissi sono collaudati dopo l'installazione.

5.6. Protezione antincendio

5.6.1. In generale

Il tipo di equipaggiamento installato e l'allestimento dell'unità da diporto tengono conto del rischio d'incendio e di propagazione del fuoco. Particolare attenzione è riservata all'ambiente circostante degli apparecchi a fiamma libera, alle zone calde o ai motori e alle macchine ausiliarie, ai traboccamenti di olio e di carburante, alle conduttore di olio e carburante non ricoperte nonché a mantenere il percorso dei fili elettrici lontano da fonti di calore e parti calde.

5.6.2. Attrezzatura antincendio

Le unità da diporto sono munite di attrezzature antincendio adeguate al tipo di rischio, oppure sono indicate la posizione e la capacità dell'attrezzatura antincendio adeguata al tipo di rischio. Le unità da diporto non sono messe in servizio fino all'installazione di un'adeguata attrezzatura antincendio. I compartimenti dei motori a benzina sono protetti con un sistema estintore che consente di evitare l'apertura del compartimento in caso di incendio. Gli estintori portatili sono fissati in punti facilmente accessibili e uno è collocato in modo da poter essere afferrato facilmente dalla posizione principale di governo delle imbarcazioni ed i natanti da diporto.

5.7. Fanali di navigazione, sagome e segnali acustici

Laddove siano installati fanali di navigazione, sagome e segnali acustici, essi sono conformi al COLREG 1972 (regolamento internazionale per prevenire le collisioni in mare) o al CEVNI (Codice europeo delle vie di navigazione interna), a seconda del caso.

5.8. Prevenzione degli scarichi e impianti che consentono di trasferire i rifiuti a terra

Le unità da diporto sono costruite in modo da evitare lo scarico accidentale di prodotti inquinanti (olio, carburante ecc.) in mare.

I servizi igienici installati in un'imbarcazione o natante da diporto sono unicamente collegati ad un sistema di serbatoi o ad un sistema di trattamento dell'acqua.

Le imbarcazioni e i natanti da diporto con serbatoi installati sono muniti di un collegamento di scarico standard per consentire di collegare i tubi degli impianti di raccolta alle tubazioni di scarico.

Inoltre, le tubazioni destinate all'evacuazione dei rifiuti umani che attraversano lo scafo sono dotate di valvole che ne consentono la chiusura.

B. Requisiti essenziali relativi alle emissioni di scarico dei motori di propulsione

I motori di propulsione sono conformi ai requisiti essenziali per le emissioni allo scarico stabiliti alla presente parte.

1. IDENTIFICAZIONE DEL MOTORE DI PROPULSIONE

1.1. Ogni motore riporta in modo chiaro le seguenti informazioni:

a) il nome, la denominazione commerciale registrata o il marchio registrato e il recapito del fabbricante del motore; e, se applicabile, il nome e il recapito della persona che adatta il motore;

b) il tipo di motore, la famiglia di motori, se applicabile;

c) il numero di serie unico del motore;

d) la marcatura CE come previsto all'articolo 17.

1.2. Le indicazioni di cui al punto 1.1 devono avere una durata pari alla normale durata del motore e devono essere chiaramente leggibili e indelebili. Se si utilizzano etichette o targhette, esse devono essere apposte in maniera tale che il fissaggio abbia una durata pari alla normale durata del motore e che le etichette o targhette non possano essere rimosse senza essere distrutte o cancellate.

1.3. Le indicazioni devono essere apposte su una parte del motore necessaria per il normale funzionamento dello stesso e che non deve, in linea di massima, essere sostituita per tutta la vita del motore.

1.4. Le indicazioni devono trovarsi in una posizione facilmente visibile dopo che il motore è stato assemblato con tutti i componenti necessari al suo funzionamento.

2. REQUISITI RELATIVI ALL'EMISSIONE DI GAS DI SCARICO

I motori di propulsione sono progettati, costruiti e assemblati in modo che, se correttamente installati e in condizioni d'uso normale, le emissioni non superino i valori limite risultanti al punto 2.1, tabella 1, e al punto 2.2, tabelle 2 e 3:

2.1. Valori applicabili ai fini dell'articolo 45, comma 2, e della tabella 2, punto 2.2:

TABELLA 1

Tipo	Ossido di carbonio CO= A+B/ B/PN n			Idrocarburi HC = A + B/PN n			Ossidi di azoto NOx	Particolato PT
	A	B	n	A	B	n		
Accensione comandata a due tempi	150,0	600,0	1,0	30,0	100,0	0,75	10,0	Non applicabile
Accensione comandata a quattro tempi	150,0	600,0	1,0	6,0	50,0	0,75	15,0	Non applicabile
Accensione spontanea	50,0	0	0	1,5	2,0	0,5	9,8	1,0

Se A, B e n sono valori costanti secondo la tabella, PN è la potenza nominale del motore in kW.

2.2. Valori applicabili a partire dal 18 gennaio 2016:

TABELLA 2

Limiti di emissioni di gas di scarico per motori ad accensione spontanea (AS) (++)

Cilindrata	Potenza nominale del motore	Particolato	Idrocarburi + Ossidi di azoto
SV (l/cil)		PT (g/kWh)	HC + NOx (g/kWh)
	PN (kW)		
SV < 0,9	PN < 37	I valori di cui alla tabella 1	
	37 ≤ PN < 75 (+)	0,30	4,7
	75 ≤ PN < 3 700	0,15	5,8
0,9 ≤ SV < 1,2	PN < 3 700	0,14	5,8
1,2 ≤ SV < 2,5		0,12	5,8
2,5 ≤ SV < 3,5		0,12	5,8
3,5 ≤ SV < 7,0		0,11	5,8

(+) In alternativa, i motori ad accensione spontanea con potenza nominale pari o superiore a 37 kW e inferiore a 75 kW e con una cilindrata inferiore a 0,9 l/cil non superano il limite di emissione PT di 0,20 g/kWh e il limite di emissione combinata HC + NOx di 5,8 g/kWh.

++) Ogni motore ad accensione spontanea non supera il limite di emissione di monossido di carbonio (CO) di 5,0 g/kWh.

Limiti di emissioni di gas di scarico per motori ad accensione spontanea (AC)

Tipo di motore	Potenza nominale del motore PN	Ossido di carbonio CO (g/kWh)	Idrocarburi + Ossidi di azoto HC + NOx
Entrobordo ed entrobordo con comando a poppa	PN ≤ 373	75	5
	373 < PN ≤ 485	350	16
	PN> 485	350	22
Motori fuoribordo e PWC	PN ≤ 4,3	500 - (5,0 x PN)	30
	4,3 < PN ≤ 40	500 - (5,0 x PN)	15,7 + (50/ PN 0,9)
	PN> 40	300	15,7 + (50/PN 0,9)

2.3. Cicli di prova:

Cicli di prova e fattori di ponderazione da applicare:

Si applicano i seguenti requisiti della norma ISO 8178-4: 2007, tenendo conto dei valori di cui alla tabella in appresso.

Per motori AS a velocità variabile si applica il ciclo di prova E1 o E5 o, in alternativa, al di sopra di 130 kW, può essere applicato il ciclo di prove E3. Per motori ad AC a velocità variabile si applica il ciclo di prova E4.

Ciclo E1, numero di modalità	1	2	3	4	5
Velocità	Velocità nominale		Velocità intermedia	Velocità minima	
Coppia, %	100	75	75	50	0
Fattore di ponderazione	0,08	0,11	0,19	0,32	0,3
Velocità	Velocità nominale	Velocità intermedia		Velocità minima	
Ciclo E3, numero di modalità	1	2	3	4	
Velocità, %	100	91	80	63	
Potenza, %	100	75	50	25	
Fattore di ponderazione	0,2	0,5	0,15	0,15	
Ciclo E4, numero di modalità	1	2	3	4	5
Velocità, %	100	80	60	40	Inattivo

	1	2	3	4	5
Coppia, %	100	71,6	46,5	25,3	0
Fattore di ponderazione	0,06	0,14	0,15	0,25	0,40
Ciclo E5, numero di modalità	1	2	3	4	5
Velocità, %	100	91	80	63	Inattivo
Potenza, %	100	75	50	25	0
Fattore di ponderazione	0,08	0,13	0,17	0,32	0,3

Gli organismi notificati possono accettare prove effettuate sulla base di altri cicli di prova specificati in una norma armonizzata e applicabili al ciclo di funzionamento del motore.

2.4. Applicazione della famiglia di motori di propulsione e scelta del motore di propulsione capostipite

Il fabbricante del motore è responsabile di stabilire quali motori della sua gamma devono essere inclusi in una famiglia di motori.

Il motore capostipite è scelto da una famiglia di motori in modo tale che le sue caratteristiche di emissione siano rappresentative di tutti i motori di quella famiglia di motori. Di norma dovrebbe essere selezionato come motore capostipite della famiglia il motore che possiede le caratteristiche che dovrebbero risultare nel più alto quantitativo di emissioni specifiche (espresse in g/kWh), misurate nel ciclo di prova applicabile.

2.5. Carburanti di prova

Il carburante di prova utilizzato per le prove di emissione di scarico risponde alle seguenti caratteristiche:

Benzina				
Proprietà	RF-02-99		RF-02-03	
	Senza piombo		Senza piombo	
	min	max	min	max
Numero di ottano ricerca	95	-	95	-
Numero di ottano motore	85	-	85	-
Densità a 15 °C (kg/m3)	748	762	740	754
Punto di ebollizione iniziale (°C)	24	40	24	40
Frazione di massa di zolfo (mg/kg)	-	100	-	10
Contenuto di piombo (mg/l)	-	5	-	5
Tensione di vapore Reid (kPa)	56	60	-	-
Tensione di vapore (DVPE) (kPa)	-	-	56	60

Diesel

Proprietà	RF-06-99		RF-06-03	
	min	max	min	max
Numero di cetano	52	54	52	54
Densità a 15 °C (kg/m3)	833	837	833	837
Punto di ebollizione finale (°C)	-	370	-	370
Punto di infiammabilità (°C)	55	-	55	-
Frazione di massa di zolfo (mg/kg)	Da	300 (50)	-	10
Frazione di massa delle ceneri (%)	Da	0,01	-	0,01

Gli organismi notificati possono accettare prove effettuate sulla base di altri carburanti di prova specificati in una norma armonizzata.

3. DURATA

Il fabbricante del motore fornisce istruzioni per l'installazione e la manutenzione del motore che, se applicate, dovrebbero consentire al motore in condizioni d'uso normale di continuare a rispettare i limiti di cui ai punti 2.1 e 2.2 per tutta la normale durata del motore e in condizioni normali di utilizzo.

Tali informazioni sono ottenute dal fabbricante del motore effettuando preliminarmente una prova di resistenza, basata su cicli di funzionamento normali, e calcolando l'usura dei componenti in modo che il fabbricante possa preparare le istruzioni di manutenzione necessarie e rilasciarle con tutti i nuovi motori alla loro prima immissione sul mercato.

La durata normale del motore è la seguente:

a) per i motori AS: 480 ore di funzionamento o dieci anni, a seconda del caso che si verifica per primo;

b) per motori AC entrobordo o entrobordo con o senza scarico integrato:

1) per la categoria di motori PN ≤ 373 kW: 480 ore di funzionamento o dieci anni, a seconda del caso che si verifica per primo;

2) per i motori nella categoria 373 < PN ≤ 485 kW: 150 ore di funzionamento o tre anni, a seconda del caso che si verifica per primo;

3) per i motori nella categoria PN> 485 kW: 50 ore di funzionamento o un anno, a seconda del caso che si verifica per primo;

c) motori di moto d'acqua: 350 ore di funzionamento o cinque anni, a seconda del caso che si verifica per primo,
d) motori fuoribordo: 350 ore di funzionamento o dieci anni, a seconda del caso che si verifica per primo.

4. MANUALE DEL PROPRIETARIO

Ogni motore è dotato di un manuale del proprietario redatto in una o più lingue che possono essere facilmente comprese dai consumatori e dagli altri utilizzatori finali, secondo quanto determinato dallo Stato membro in cui il motore deve essere commercializzato.

Il manuale del proprietario:

a) fornisce istruzioni per l'installazione, l'uso e la manutenzione necessarie per il corretto funzionamento del motore al fine di soddisfare i requisiti di cui alla sezione 3 (durata);

b) specifica la potenza del motore misurata conformemente alla norma armonizzata.

C. Requisiti essenziali per le emissioni acustiche

Le imbarcazioni e i natanti da diporto con motori entrobordo o entrobordo con comando a poppa senza scarico integrato, le moto d'acqua, i motori fuoribordo e i motori entrobordo con comando a poppa con scarico integrato sono conformi ai requisiti essenziali per le emissioni acustiche stabiliti nella presente parte.

1. LIVELLI DI EMISSIONE ACUSTICA

1.1. Le imbarcazioni e i natanti da diporto con motori entrobordo o entrobordo con comando a poppa senza scarico integrato, le moto d'acqua, i motori fuoribordo e i motori entrobordo con comando a poppa con scarico integrato sono progettati, costruiti e assemblati così che le emissioni acustiche non superino i valori limite illustrati nella seguente tabella:

Potenza nominale del motore (un solo motore) in kW	Livello massimo di pressione sonora = LpASmax in dB
PN $\leq$ 10	67
10 < PN $\leq$ 40	72

PN> 40	75

in cui PN = potenza nominale del motore in kW di un solo motore alla velocità nominale e L pASmax = livello massimo di pressione sonora in dB.

Per le unità con due o più motori di tutti i tipi, si può applicare una tolleranza di 3 dB.

1.2. In alternativa al test di misurazione del suono, le imbarcazioni e i natanti da diporto con motore entrobordo o entrobordo con comando a poppa senza scarico integrato, sono ritenute conformi ai requisiti acustici di cui al punto 1.1 se il numero di Froude è $\leq$ 1,1 e se il rapporto potenza/dislocamento è $\leq$ 40 e se il motore e il sistema di scarico sono installati conformemente alle specifiche del fabbricante del motore.

1.3. Il «numero di Froude» Fn è calcolato dividendo la velocità massima dell'imbarcazione o natante da diporto V (m/s) per la radice quadrata della lunghezza al galleggiamento lwl (m) moltiplicata per una data costante di accelerazione gravitazionale, g, di 9,8 m/s2.

$$Fn = \frac{V}{\sqrt{(g \cdot lwl)}}$$

Il «rapporto potenza/dislocamento» è calcolato dividendo la potenza nominale del motore PN (in kW) per il dislocamento dell'imbarcazione o natante da diporto D (in tonnellate).

$$Rapporto\ potenza\ /\ dislocamento = \frac{PN}{D}$$

2. MANUALE DEL PROPRIETARIO

Per le imbarcazioni e i natanti da diporto dotati di motore entrobordo o entrobordo con comando a poppa senza scarico integrato e per le moto d'acqua, il manuale del proprietario di cui alla parte A, punto 2.5, contiene le informazioni necessarie per mantenere l'unità e il sistema di scarico in condizioni che, per quanto possibile, garantiscano la conformità ai valori limite di rumore specificati per l'uso normale.

Per i motori fuoribordo ed entrobordo con comando a poppa con scarico integrato, il manuale del proprietario richiesto alla parte B, sezione 4, fornisce le informazioni necessarie a mantenere il motore in condizioni che, per quanto possibile, garantiranno la conformità ai valori limite di rumore specificati per l'uso normale.

3. DURATA

Le disposizioni sulla durata di cui alla parte B, sezione 3, si applicano, mutatis mutandis, al rispetto delle prescrizioni sulle emissioni acustiche di cui alla presente parte, sezione 1.

Allegato III
Marcatura "CE"

[La marcatura "CE" di conformità è costituita dalle iniziali "CE" secondo il simbolo grafico che segue:

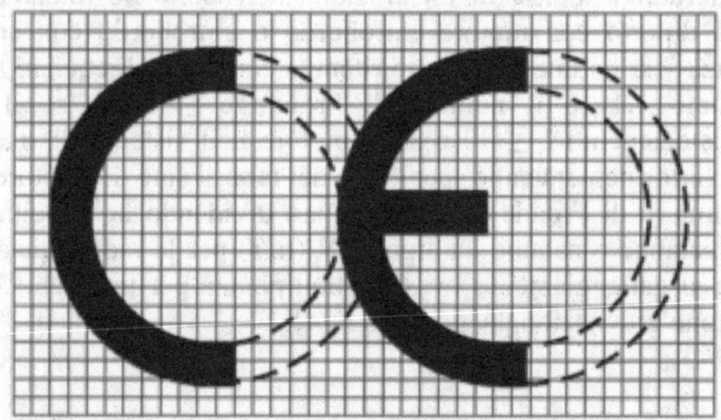

In caso di riduzione o di ingrandimento della marcatura "CE", dovranno essere rispettate le proporzioni indicate dal grafico di cui sopra.
Le dimensioni verticali dei vari elementi della marcatura "CE" devono essere sostanzialmente le stesse, comunque non inferiori a 5 mm.
La marcatura "CE" è seguita dal numero di identificazione dell'organismo notificato, qualora esso intervenga nel controllo della produzione]-

Allegato IV
Controllo di fabbricazione interno - (modulo A)

[1. Il fabbricante o il suo mandatario stabilito nella Comunità, che soddisfa gli obblighi di cui al punto 2, si accerta e dichiara che i prodotti soddisfano i requisiti del presente decreto. Il fabbricante o il suo mandatario stabilito nella Comunità appone la marcatura "CE" a ciascun prodotto e redige una dichiarazione scritta di conformità (vedi allegato VIII).
2. Il fabbricante prepara la documentazione tecnica descritta al punto 3; il fabbricante o il suo mandatario stabilito nella Comunità la tiene a disposizione delle autorità nazionali competenti, a fini ispettivi, per dieci anni dall'ultima data di fabbricazione del prodotto. Nel caso in cui né il fabbricante né il suo mandatario siano stabiliti nella Comunità, l'obbligo di

tenere a disposizione la documentazione tecnica incombe alla persona responsabile dell'immissione del prodotto nel mercato comunitario.

3. La documentazione tecnica deve consentire di valutare la conformità del prodotto ai requisiti del presente decreto; deve comprendere, nella misura necessaria a tale valutazione, il progetto, la fabbricazione ed il funzionamento del prodotto (vedi allegato IX).

4. Il fabbricante o il suo mandatario conserva copia della dichiarazione di conformità insieme con la documentazione tecnica.

5. Il fabbricante prende tutte le misure necessarie affinché il processo di fabbricazione garantisca la conformità dei prodotti alla documentazione tecnica di cui al paragrafo 2 e ai requisiti del presente decreto]

Allegato V
Controllo di fabbricazione interno e prove - (modulo AA)
[Questo modulo è costituito dal modulo A, come indicato nell'allegato IV, oltre che dai seguenti requisiti supplementari:

A. Progettazione e costruzione.
Su una o più unità rappresentative della produzione del costruttore vengono eseguite una o più delle seguenti prove, calcoli equivalenti o controlli da parte del costruttore stesso o per suo conto:
a) prova di stabilità conformemente al punto 3.2 dei requisiti essenziali (allegato II, paragrafo A);
b) prova delle caratteristiche di galleggiabilità conformemente al punto 3.3 dei requisiti essenziali (allegato II, paragrafo A).
Disposizioni comuni ad entrambi le varianti: queste prove o calcoli o controlli devono essere eseguiti sotto la responsabilità di un organismo notificato a scelta del costruttore.

B. Emissioni acustiche.
Per le unità da diporto dotate di motore entrobordo o motore entrobordo con comando a poppa senza scarico integrato e per le moto d'acqua:
su una o più unità rappresentative della produzione del costruttore di unità, le prove d'emissione sonora definite nell'allegato II C sono eseguite dal costruttore di unità, o in suo nome, sotto la responsabilità di un organismo notificato a scelta del costruttore.
Per i motori fuoribordo e per i motori entrobordo con comando a poppa con scarico integrato:
su una o più unità rappresentative della produzione del costruttore di motori, le prove d'emissione sonora definite nell'allegato II, paragrafo C, sono eseguite dal costruttore di motori, o per suo conto, sotto la responsabilità di un organismo notificato a scelta del costruttore.

Quando sono oggetto della prova più di un motore di una famiglia di motori, è applicato il metodo statistico descritto nell'allegato XV per assicurare la conformità del campione.]

Allegato VI
Esame "CE del tipo" - (modulo B)
[1. Un organismo notificato accerta e dichiara che un esemplare, rappresentativo della produzione considerata, soddisfa le disposizioni del presente decreto.
2. La domanda di esame "CE del tipo" deve essere presentata dal fabbricante o dal suo mandatario stabilito nella Comunità ad un organismo notificato di sua scelta.
La domanda deve contenere:
il nome e l'indirizzo del fabbricante e, qualora la domanda sia presentata dal suo mandatario, anche il nome e l'indirizzo di quest'ultimo;
una dichiarazione scritta che la stessa domanda non è stata presentata a nessun altro organismo notificato;
la documentazione tecnica descritta al punto 3.
Il richiedente mette a disposizione dell'organismo notificato un esemplare rappresentativo della produzione considerata, qui di seguito denominato "tipo" (*). L'organismo notificato può chiedere altri esemplari dello stesso tipo qualora sia necessario per eseguire il programma di prove.
3. La documentazione tecnica deve consentire di valutare la conformità del prodotto ai requisiti del presente decreto; deve comprendere, nella misura necessaria a tale valutazione, il progetto, la fabbricazione e il funzionamento del prodotto (vedi allegato IX).
4. L'organismo notificato:
4.1. esamina la documentazione tecnica, verifica che il tipo sia stato fabbricato in conformità con tale documentazione ed individua gli elementi progettati in conformità delle disposizioni delle norme di cui all'art. 6, comma 4 nonché gli elementi progettati senza applicare le disposizioni previste da tali norme;
4.2. effettua o fa effettuare gli esami appropriati e le prove necessarie per verificare se le soluzioni adottate dal fabbricante soddisfano i requisiti essenziali di cui all'allegato II qualora non siano state applicate le norme di cui all'art. 6, comma 4;
4.3. effettua e fa effettuare gli esami appropriati e le prove necessarie per verificare se, qualora il fabbricante abbia deciso di conformarsi alle norme relative, tali norme siano state effettivamente applicate;
4.4. concorda con il richiedente il luogo in cui gli esami e le necessarie prove devono essere effettuati.

5. Se il tipo soddisfa le disposizioni del presente decreto, l'organismo notificato rilascia un attestato di esame "CE del tipo" al richiedente. L'attestato deve contenere il nome e l'indirizzo del fabbricante, le conclusioni dell'esame, le condizioni di validità del certificato e i dati necessari per l'identificazione del tipo approvato.

All'attestato è allegato un elenco dei fascicoli significativi della documentazione tecnica, di cui l'organismo autorizzato conserva una copia. Se al fabbricante viene negato il rilascio di un attestato di esame del tipo, l'organismo notificato deve fornire motivi dettagliati per tale rifiuto.

6. Il richiedente informa l'organismo notificato che detiene la documentazione tecnica relativa all'attestato di esame "CE del tipo" di tutte le modifiche al prodotto approvato che devono ricevere un'ulteriore approvazione, qualora tali modifiche possano influire sulla conformità ai requisiti essenziali o modalità di uso prescritte del prodotto. Questa nuova approvazione viene rilasciata sotto forma di un complemento dell'attestato originale di esame "CE del tipo".

7. Ogni organismo notificato comunica agli altri organismi notificati le informazioni utili riguardanti gli attestati di esame "CE del tipo" ed i complementi rilasciati e ritirati.

8. Gli altri organismi notificati possono ottenere copia degli attestati di esame "CE del tipo" e/o dei loro complementi. Gli allegati degli attestati sono tenuti a disposizione degli altri organismi notificati.

9. Il fabbricante o il suo mandatario conserva, insieme con la documentazione tecnica, copia degli attestati di esame "CE del tipo" e dei loro complementi per dieci anni dall'ultima data di fabbricazione del prodotto. Nel caso in cui né il fabbricante néè il suo mandatario siano stabiliti nella Comunità, l'obbligo di tenere a disposizione la documentazione tecnica incombe alla persona responsabile dell'immissione del prodotto nel mercato comunitario].

Allegato VII
Conformità al tipo - (modulo C)
[1. Il fabbricante o il suo mandatario stabilito nella Comunità si accerta e dichiara che i prodotti in questione sono conformi al tipo oggetto dell'attestato di esame "CE del tipo" e soddisfano i requisiti del presente decreto. Il fabbricante appone la marcatura "CE" a ciascun prodotto e redige una dichiarazione di conformità (vedi allegato VIII).

2. Il fabbricante prende tutte le misure necessarie affinché il processo di fabbricazione assicuri la conformità dei prodotti al tipo oggetto dell'attestato di esame "CE del tipo" e ai requisiti del presente decreto.

3. Il fabbricante o il suo mandatario conserva copia della dichiarazione di conformità per almeno dieci anni dall'ultima data di fabbricazione del

prodotto. Nel caso in cui né il fabbricante né il suo mandatario siano stabiliti nella Comunità, l'obbligo di tenere a disposizione la documentazione tecnica incombe alla persona responsabile dell'immissione del prodotto nel mercato comunitario (vedi allegato IX).

4. Per quanto riguarda la valutazione della conformità ai requisiti relativi alle emissioni di gas di scarico del presente decreto e nell'eventualità che un costruttore non operi a norma di un pertinente sistema qualità come quello di cui all'allegato XIII, un organismo notificato scelto dal costruttore può eseguire o far eseguire controlli sui prodotti ad intervalli casuali. Se il livello qualitativo appare insoddisfacente o se appare necessario verificare la validità dei dati presentati dal costruttore, è utilizzata la procedura seguente:

un motore di serie è sottoposto alla prova descritta nell'allegato II, punto B. I motori di prova devono aver subito un rodaggio, parziale o completo, conforme alle prescrizioni del costruttore. Se le emissioni di gas di scarico specifiche del motore di serie eccedono i valori limite descritti alla tabella di cui al punto 2 dell'allegato II, punto B, il costruttore può chiedere che le misure siano effettuate su un campione di motori di serie comprendente il motore sottoposto originariamente alla prova. Per garantire la conformità del campione di motori di cui sopra ai requisiti del presente decreto, si applica il metodo statistico descritto nell'allegato XV].

Allegato VIII[178]
Dichiarazione di conformità UE N. xxxxx

1. N. xxxxx (Prodotto: prodotto, lotto, tipo o numero di serie):

2. Nome e indirizzo del fabbricante o del suo rappresentante autorizzato [il rappresentante autorizzato deve indicare anche la ragione sociale e l'indirizzo del fabbricante] o dell'importatore privato.

3. La presente dichiarazione di conformità è rilasciata sotto l'esclusiva responsabilità del fabbricante o dell'importatore privato, o di chiunque immette sul mercato o metta in servizio un motore di propulsione o un'unità da diporto dopo una modifica o conversione rilevante dello stesso o della stessa, di chiunque modifichi la destinazione d'uso di un'unità da diporto non contemplata nel campo di applicazione della direttiva 2013/53/UE in modo da farla rientrare nel suo ambito di applicazione applicando le procedure previste prima dell'immissione sul mercato o della sua messa in servizio, o chiunque immetta sul mercato un'unità da diporto costruita per uso personale prima della scadenza del periodo di cinque anni decorrente dalla messa in servizio dell'unità da diporto.

---

[178] Allegato così modificato dall'art. 52, comma 1, D. Lgs. 3 novembre 2017, n. 229.

4. Oggetto della dichiarazione (identificazione del prodotto che ne consenta la rintracciabilità. Essa può comprendere una fotografia, se opportuno).

5. L'oggetto della dichiarazione di cui al punto 4 è conforme alla pertinente normativa di armonizzazione dell'Unione.

6. Riferimento alle pertinenti norme armonizzate utilizzate o riferimenti alle altre specifiche tecniche in relazione alle quali è dichiarata la conformità.

7. Se del caso, l'organismo notificato ... (nome, numero) ha effettuato ... (descrizione dell'intervento) e rilasciato il certificato.

8. Identificazione del firmatario abilitato a impegnare il fabbricante o il suo rappresentante autorizzato

9. Indicazioni complementari:

La dichiarazione di conformità UE include una dichiarazione del fabbricante del motore di propulsione e della persona che adatta un motore conformemente all'articolo 5, comma 4, lettere b) e c), del decreto legislativo 11 gennaio 2016, n. 5, secondo cui:

a) se installato in un'unità da diporto secondo le istruzioni di installazione che accompagnano il motore, quest'ultimo soddisferà:

1) i requisiti relativi alle emissioni di scarico previsti dal presente decreto;

2) i valori limite di cui alla direttiva 97/68/CE per quanto riguarda i motori omologati conformemente alla direttiva 97/68/CE che sono conformi ai limiti di emissione della fase III A, della fase III B o della fase IV per i motori ad accensione spontanea utilizzati in applicazioni diverse dalla propulsione di navi della navigazione interna, di locomotive e di automotrici ferroviarie, come previsto all'allegato I, punto 4.1.2, di tale direttiva; o

3) i valori limite di cui al regolamento (CE) n. 595/2009 per quanto riguarda i motori omologati conformemente a tale regolamento.

Il motore non deve essere messo in servizio finché l'unità da diporto in cui deve essere installato sia stata dichiarata conforme, se previsto, con la pertinente disposizione del presente decreto.

Se il motore è stato immesso sul mercato durante l'ulteriore periodo transitorio di cui all'articolo 46, comma 2, la dichiarazione di conformità UE ne fa menzione.

Firmato a nome e per conto di:

(Luogo e data di rilascio)

(nome, funzione) (firma)

Allegato IX
Documentazione tecnica fornita dal costruttore

[La documentazione tecnica di cui agli allegati IV, VI, VII, X, XII e XIV deve comprendere tutti i dati o mezzi pertinenti utilizzati dal costruttore per garantire che i componenti o l'unità siano conformi ai relativi requisiti essenziali.

La documentazione tecnica deve consentire la comprensione del progetto, della fabbricazione e del funzionamento del prodotto, nonché permettere di valutarne la conformità ai requisiti del presente decreto legislativo.

La documentazione deve comprendere, se necessario ai fini della valutazione:

a) una descrizione generale del tipo;

b) disegni di progettazione di massima e di fabbricazione, schemi dei componenti, dei sottoassemblaggi, dei circuiti;

c) descrizioni e spiegazioni necessarie per la comprensione di detti disegni e schemi e del funzionamento del prodotto;

d) un elenco delle norme di cui all'art. 6, comma 4, applicate interamente o parzialmente, nonché una descrizione delle soluzioni adottate per rispondere ai requisiti essenziali qualora non siano state applicate le norme di cui all'art. 6, comma 4;

e) i risultati dei calcoli di progettazione e degli esami effettuati;

f) i risultati delle prove o specificamente i calcoli di stabilità secondo il punto 3.2 dei requisiti essenziali e di galleggiabilità secondo il punto 3.3 dei requisiti essenziali (allegato II, punto A);

g) i risultati delle prove relative alle emissioni dei gas di scarico che dimostrano la conformità con il punto 2 dei requisiti essenziali (allegato II, punto B);

h) i risultati delle prove relative alle emissioni acustiche o i dati relativi all'unità di riferimento che dimostrano la conformità con il punto 1 dei requisiti essenziali (allegato II, punto C).]

Allegato X
Garanzia qualità produzione - (modulo D)
[1. L'organismo, il suo direttore e il personale incaricato delle operazioni di verifica non possono essere né il progettista, né il costruttore, né il fornitore, né l'installatore dei prodotti di cui all'art. 4 che essi verificano, né il mandatario di una di queste parti. Essi non possono intervenire né direttamente né in veste di mandatari nella progettazione, costruzione, commercializzazione o manutenzione di tali prodotti. Ciò non esclude la possibilità di uno scambio di informazioni tecniche fra il costruttore e l'organismo di controllo.

1.1. L'organismo notificato deve essere indipendente e non deve essere controllato dai costruttori o dai fornitori.

2. Il fabbricante deve applicare un sistema di qualità della produzione, eseguire l'ispezione e le prove del prodotto finito secondo quanto

specificato al paragrafo 3, e deve essere assoggettato alla sorveglianza di cui al paragrafo 4.

3. Sistema qualità.

3.1. Il fabbricante presenta una domanda di valutazione del suo sistema qualità per i prodotti interessati ad un organismo notificato di sua scelta. La domanda deve contenere:

tutte le pertinenti informazioni sulla categoria di prodotti prevista;

la documentazione relativa al sistema qualità;

se del caso la documentazione tecnica relativa al tipo approvato (vedi allegato IX) e una copia dell'attestato di esame "CE del tipo".

3.2. Il sistema di qualità deve garantire la conformità dei prodotti al tipo oggetto dell'attestato di esame "CE del tipo" ed ai requisiti del presente decreto. Tutti i criteri, i requisiti e le disposizioni adottati dal fabbricante devono essere documentati in modo sistematico e ordinato sotto forma di misure, procedure e istruzioni scritte. Questa documentazione relativa al sistema qualità deve permettere un'interpretazione uniforme di programmi, schemi, manuali e rapporti riguardanti la qualità. Detta documentazione deve includere in particolare un'adeguata descrizione:

degli obiettivi di qualità, della struttura organizzativa, delle responsabilità di gestione in materia di qualità dei prodotti;

dei processi di fabbricazione, degli interventi sistematici e delle tecniche di controllo e garanzia della qualità;

degli esami e delle prove che saranno effettuati prima, durante e dopo la fabbricazione con indicazione della frequenza con cui si intende effettuarli;

della documentazione in materia di qualità, quali i rapporti ispettivi e i dati sulle prove, le tarature, le qualifiche del personale;

dei mezzi di sorveglianza che consentono il controllo della qualità richiesta e dell'efficacia di funzionamento del sistema qualità.

3.3. L'organismo notificato valuta il sistema qualità per determinare se soddisfa i requisiti di cui al paragrafo 3.2. Esso presume la conformità a tali requisiti dei sistemi qualità che soddisfano la corrispondente norma armonizzata. Nel gruppo incaricato della valutazione deve essere presente almeno un esperto nella tecnologia produttiva oggetto della valutazione. La procedura di valutazione deve comprendere una visita presso gli impianti del fabbricante. La decisione viene notificata al fabbricante. La notifica deve contenere le conclusioni dell'esame e la motivazione circostanziata della decisione.

3.4. Il fabbricante si impegna a soddisfare gli obblighi derivanti dal sistema qualità approvato ed a fare in modo che esso rimanga adeguato ed efficace. Il fabbricante o il mandatario tengono informato l'organismo notificato che ha approvato il sistema qualità di qualsiasi prevista modifica del sistema. L'organismo notificato valuta le modifiche proposte e decide se il sistema modificato continua a soddisfare i requisiti di cui al paragrafo 3.2, o se è necessaria una seconda valutazione. L'organismo notificato comunica la sua decisione al fabbricante. La comunicazione deve contenere le conclusioni dell'esame e la motivazione circostanziata della decisione.

4. Sorveglianza sotto la responsabilità dell'organismo notificato.

4.1. La sorveglianza deve garantire che il fabbricante soddisfi tutti gli obblighi derivanti dal sistema qualità approvato.

4.2. Il fabbricante consente all'organismo notificato di accedere a fini ispettivi nei locali di fabbricazione, ispezione, prove e deposito fornendo tutte le necessarie informazioni, in particolare:

la documentazione relativa al sistema qualità;

altra documentazione quali i rapporti e i dati sulle prove, le tarature, le qualifiche del personale.

4.3. L'organismo notificato svolge periodicamente verifiche ispettive per assicurarsi che il fabbricante mantenga ed utilizzi il sistema qualità e fornisce al fabbricante un rapporto sulle verifiche ispettive effettuate.

4.4. Inoltre, l'organismo notificato può effettuare visite senza preavviso presso il fabbricante. In tale occasione, l'organismo notificato può svolgere o far svolgere prove per verificare il buon funzionamento del sistema qualità, se necessario. Esso fornisce al fabbricante un rapporto sulla visita e, se sono state svolte prove, una relazione di prova.

5. Il fabbricante tiene a disposizione delle autorità nazionali per almeno dieci anni dall'ultima data di fabbricazione del prodotto:

la documentazione di cui al paragrafo 3.1, secondo trattino;

gli adeguamenti di cui ai paragrafo 3.4, secondo capoverso;

le decisioni e relazioni dell'organismo notificato di cui al paragrafo 3.4, ultimo capoverso, e ai paragrafi 4.3 e 4.4.

6. Ogni organismo notificato comunica agli altri organismi notificati le informazioni riguardanti le approvazioni dei sistemi qualità rilasciate o ritirate].

Allegato XI
Verifica su prodotto - (modulo F)
[1. Questo modulo descrive la procedura con cui il fabbricante, o il suo mandatario stabilito nella comunità, si accerta e dichiara che i prodotti cui sono state applicate le disposizioni del paragrafo 3 sono conformi al tipo oggetto dell'attestato di esame "CE del tipo" e soddisfano i requisiti del presente decreto legislativo.

2. Il fabbricante prende tutte le misure necessarie affinché il processo di fabbricazione garantisca la conformità dei prodotti al tipo oggetto dell'attestato di esame "CE del tipo" e ai requisiti della direttiva che ad essi si applicano. Il fabbricante o il suo mandatario stabilito nella Comunità

appone la marcatura "CE" su ciascun prodotto e redige una dichiarazione di conformità (vedi allegato VIII).

3. L'organismo notificato procede agli esami e alle prove del caso per verificare la conformità del prodotto ai requisiti del presente decreto legislativo, o mediante controllo e prova di ogni singolo prodotto secondo quanto stabilito al paragrafo 4, o mediante controllo e prova statistici sui prodotti secondo quanto stabilito al paragrafo 5, a scelta del fabbricante.

3.1. Il fabbricante, o il suo mandatario, conserva copia della dichiarazione di conformità per almeno dieci anni dall'ultima data di fabbricazione del prodotto.

4. Verifica mediante controllo e prova di ogni singolo prodotto.

4.1. Tutti i prodotti vengono esaminati singolarmente e su di essi vengono effettuate opportune prove, in conformità alla norma o alle norme relative all'art. 6, comma 4, o prove equivalenti per verificarne la conformità al tipo oggetto dell'attestato di esame "CE del tipo" e della direttiva ad essi applicabili.

4.2. L'organismo notificato appone o fa apporre il suo numero di identificazione su ciascun prodotto approvato e redige un attestato di conformità inerente alle prove effettuate.

4.3. Il fabbricante o il suo mandatario deve essere in grado di esibire, a richiesta, gli attestati di conformità dell'organismo notificato.

5. Verifica statistica.

5.1. Il fabbricante presenta i suoi prodotti sotto forma di lotti omogenei e prende tutte le misure necessarie affinché il processo di fabbricazione garantisca l'omogeneità di ciascun lotto prodotto.

5.2. I prodotti devono essere presentati alla verifica sotto forma di lotti omogenei. Da ciascun lotto viene prelevato un campione a caso. Gli esemplari di un campione vengono esaminati singolarmente e su di essi vengono effettuate opportune prove, in conformità alla norma o alle norme relative all'art. 6, comma 4, o prove equivalenti per verificarne la conformità ai corrispondenti requisiti del presente decreto legislativo e per determinare se si debba accettare o rifiutare il lotto.

5.3. La verifica statistica deve avvenire considerando i seguenti elementi:
metodi statistici utilizzati;
programma di campionamento e sue caratteristiche operative.
Per la valutazione della conformità ai requisiti relativi alle emissioni dei gas di scarico si applica la procedura definita nell'allegato XV.

5.4. Per i lotti accettati, l'organismo notificato appone o fa apporre il suo numero di identificazione su ogni singolo prodotto e redige un attestato di conformità relativo alle prove effettuate. Tutti gli esemplari del lotto possono essere immessi sul mercato ad eccezione di quelli del campione riscontrati non conformi. Se un lotto è rifiutato, l'organismo notificato o l'autorità competente prende le misure appropriate per evitarne l'immissione sul mercato. Qualora il rifiuto di lotti sia frequente, l'organismo notificato può decidere di sospendere la verifica statistica. Il fabbricante può apporre, sotto la responsabilità dell'organismo notificato, il numero di identificazione di quest'ultimo nel corso della fabbricazione.

5.5. Il fabbricante o il suo mandatario, deve essere in grado di esibire, a richiesta, gli attestati di conformità dell'organismo notificato].

Allegato XII
Verifica di un unico prodotto - (modulo G)

[1. Questo modulo descrive la procedura con cui il fabbricante accerta e dichiara che il prodotto considerato, cui è stato rilasciato l'attestato di cui al paragrafo 2, è conforme ai requisiti del presente decreto legislativo. Il fabbricante o il suo mandatario stabilito nella Comunità appone la marcatura "CE" sul prodotto e redige una dichiarazione di conformità.

2. L'organismo notificato esamina il prodotto e procede alle opportune prove, in conformità della norma o delle norme di cui all'art. 6, comma 4, o a prove equivalenti, per verificarne la conformità ai corrispondenti requisiti del presente decreto legislativo. L'organismo notificato appone o fa apporre il proprio numero di identificazione sul prodotto approvato e redige un attestato di conformità relativo alle prove effettuate.

3. La documentazione tecnica deve consentire di valutare la conformità del prodotto ai requisiti del presente decreto legislativo, di comprendere il suo progetto, la sua fabbricazione ed il suo funzionamento (vedi allegato IX).]

Allegato XIII

[1. Questo modulo descrive la procedura con cui il fabbricante che soddisfa gli obblighi di cui al punto 2 si accerta e dichiara che i prodotti in questione soddisfano i requisiti del presente decreto legislativo. Il fabbricante o il suo mandatario stabilito nella Comunità appone la marcatura "CE" a ciascun prodotto e redige una dichiarazione di conformità. La marcatura "CE" deve essere accompagnata dal numero di identificazione dell'organismo notificato responsabile della sorveglianza. di cui al paragrafo 4.

2. Il fabbricante applica un sistema qualità approvato per la progettazione la fabbricazione, l'ispezione finale ed il collaudo del prodotto secondo quanto specificato al paragrafo 3, ed è soggetto alla sorveglianza di cui al paragrafo 4.

3. Sistema qualità.

3.1. Il fabbricante presenta una domanda di valutazione del suo sistema qualità ad un organismo notificato. La domanda deve contenere:
tutte le informazioni utili sulla categoria di prodotti prevista;
la documentazione relativa al sistema qualità.

3.2. Il sistema qualità deve garantire la conformità dei prodotti ai requisiti del presente decreto legislativo. Tutti i criteri, i requisiti e le disposizioni adottati dal fabbricante devono essere documentati in modo sistematico e ordinato sotto forma di criteri, procedure e istruzioni scritte. Questa documentazione relativa al sistema qualità deve permettere una interpretazione uniforme di programmi, schemi, manuali e rapporti riguardanti la qualità. Detta documentazione deve includere in particolare un'adeguata descrizione:

degli obiettivi di qualità, della struttura organizzativa, delle responsabilità di gestione in materia di qualità di progettazione e di qualità dei prodotti;

delle specifiche tecniche di progettazione, norme incluse, che si intende applicare qualora non vengano applicate pienamente le norme di cui all'art. 6, comma 4, nonché degli strumenti che permetteranno di garantire l'osservanza dei requisiti essenziali di cui all'allegato II;

delle tecniche, dei processi e degli interventi sistematici in materia di controllo e verifica della progettazione, che verranno applicati nella progettazione dei prodotti appartenenti alla categoria in questione;

delle tecniche, dei processi e degli interventi sistematici che si intende applicare nella fabbricazione, nel controllo di qualità e nella garanzia della qualità;

degli esami e delle prove che saranno effettuati prima, durante e dopo la fabbricazione, con indicazione della frequenza con cui si intende effettuarli;

della documentazione in materia di qualità, ad esempio i rapporti ispettivi e i dati sulle prove, le tarature, le qualifiche del personale;

dei mezzi di controllo dell'ottenimento della qualità richiesta e dell'efficacia di funzionamento del sistema qualità.

3.3. L'organismo notificato valuta il sistema qualità per determinare se soddisfa i requisiti di cui al paragrafo 3.2. Esso presume la conformità a tali requisiti dei sistemi qualità che soddisfano la corrispondente norma armonizzata (EN29001). Nel gruppo incaricato della valutazione deve essere presente almeno un esperto nella tecnologia produttiva oggetto della valutazione. La procedura di valutazione deve comprendere una visita valutativa agli impianti del fabbricante. La decisione viene notificata al fabbricante. La notifica deve contenere le conclusioni dell'esame e la motivazione circostanziata della decisione.

3.4. Il fabbricante si impegna a soddisfare gli obblighi derivanti dal sistema qualità approvato, ed a fare in modo che esso rimanga adeguato ed efficace. Il fabbricante o il suo mandatario tengono informato l'organismo notificato che ha approvato il sistema qualità di qualsiasi prevista modifica del sistema. L'organismo notificato valuta le modifiche proposte e decide se il sistema modificato continua a soddisfare i requisiti di cui al paragrafo 3.2 o se è necessaria una seconda valutazione.

L'organismo notificato comunica la sua decisione al fabbricante. La notifica deve contenere le conclusioni dell'esame e la motivazione circostanziata della decisione.

4. Sorveglianza CE sotto la responsabilità dell'organismo notificato.

4.1. La sorveglianza CE deve garantire che il fabbricante soddisfi tutti gli obblighi derivanti dal sistema qualità approvato.

4.2. Il fabbricante consente all'organismo notificato di accedere a fini ispettivi nei locali di progettazione, fabbricazione, ispezione, prova e deposito fornendo tutte le necessarie informazioni, in particolare:

la documentazione relativa al sistema qualità;

la documentazione prevista dalla sezione "Fabbricazione" del sistema di garanzia della qualità, ad esempio risultati di analisi, calcoli, prove;

la documentazione prevista dalla sezione "Fabbricazione" del sistema garanzia della qualità, quali i rapporti ispettivi e i dati sulle prove, le tarature, le qualifiche del personale.

4.3. L'organismo notificato svolge periodicamente verifiche ispettive per assicurarsi che il fabbricante mantenga ed utilizzi il sistema qualità, e fornisce al fabbricante un rapporto sulle verifiche effettuate.

4.4. L'organismo notificato può anche effettuare visite senza preavviso presso il fabbricante, procedendo o facendo procedere in tale occasione, se necessario, a prove atte a verificare il corretto funzionamento del sistema qualità. Esso fornisce al fabbricante un rapporto sulla visita e, se vi è stata prova, un rapporto sulla prova stessa.

5. Il fabbricante, per almeno dieci anni a decorrere dall'ultima data di fabbricazione del prodotto, tiene a disposizione delle autorità nazionali:

la documentazione di cui al paragrafo 3.1, secondo capoverso, secondo trattino;

le modifiche di cui al paragrafo 3.4, secondo capoverso;

le decisioni e i rapporti dell'organismo notificato di cui al paragrafo 3.4, ultimo periodo, e ai paragrafi 4.3 e 4.4.

6. Ogni organismo notificato comunica agli altri organismi notificati le opportune informazioni riguardanti le approvazioni di sistemi qualità rilasciate o ritirate].

Allegato XIV
Garanzia qualità del prodotto - (modulo E)

[1. Questo modulo descrive la procedura con cui il costruttore che soddisfa gli obblighi di cui al punto 2 si accerta e dichiara che i prodotti in questione sono conformi al tipo oggetto dell'attestato "CE del tipo" e soddisfano i requisiti della direttiva ad essi applicabili. Il costruttore o il suo mandatario stabilito nella Comunità appone la marcatura CE su ciascun prodotto e redige una dichiarazione scritta di conformità. La marcatura CE deve essere accompagnata dal contrassegno d'identificazione dell'organismo notificato responsabile della sorveglianza di cui al punto 4.

2. Il costruttore deve applicare un sistema di qualità approvato per la verifica e le prove del prodotto finito, secondo quanto specificato al punto 3, e deve essere assoggettato alla sorveglianza di cui al punto 4.

3. Sistema qualità.

3.1. Il costruttore deve presentare una domanda di valutazione del suo sistema qualità per i prodotti interessati a un organismo notificato di sua scelta.

La domanda deve contenere:

tutte le pertinenti informazioni sulla categoria di prodotti considerata;

la documentazione relativa al sistema qualità;

se del caso, la documentazione tecnica relativa al tipo approvato e una copia dell'attestato "CE del tipo".

3.2. In base al sistema qualità, ogni prodotto deve essere esaminato e prove appropriate come stabilito nella norma o nelle norme pertinenti di cui all'art. 6, comma 4, o prove equivalenti, devono essere eseguite per assicurarne la conformità ai requisiti pertinenti fissati dal presente decreto legislativo. Tutti i criteri, i requisiti, le disposizioni adottati dal costruttore devono essere documentati in modo sistematico e ordinato sotto forma di misure, procedure ed istruzioni scritte.

Questa documentazione relativa al sistema qualità deve permettere un'interpretazione uniforme di programmi, schemi, manuali e rapporti riguardanti la qualità.

Detta documentazione deve includere in particolare un'adeguata descrizione:

degli obiettivi di qualità, della struttura organizzativa, delle responsabilità e dei poteri della direzione in materia di qualità dei prodotti;

degli esami e delle prove che saranno effettuati dopo la costruzione;

dei mezzi per controllare l'efficacia di funzionamento del sistema qualità;

della documentazione in materia di qualità, quali rapporti ispettivi e i dati sulle prove, le tarature, le qualifiche del personale.

3.3. L'organismo notificato deve valutare il sistema qualità per determinare se soddisfa i requisiti di cui al punto 3.2.

Esso presume la conformità a tali requisiti dei sistemi qualità che soddisfano la corrispondente norma armonizzata.

Nel gruppo incaricato della valutazione deve essere presente almeno un esperto nella tecnologia del prodotto interessato. La procedura di valutazione deve comprendere una visita degli impianti del costruttore.

La decisione viene notificata al costruttore. La notifica deve contenere le conclusioni dell'esame e la motivazione circostanziata della decisione.

3.4. Il costruttore deve impegnarsi a soddisfare gli obblighi derivanti dal sistema qualità approvato e a fare in modo che esso rimanga adeguato ed efficace.

Il costruttore o il suo mandatario tengono informato l'organismo notificato che ha approvato il sistema qualità di qualsiasi prevista modifica del sistema.

L'organismo notificato valuta le modifiche proposte e decide se il sistema modificato continua a soddisfare i requisiti di cui al punto 3.2 o se è necessaria una seconda valutazione.

L'organismo notificato comunica la sua decisione al costruttore. La comunicazione deve contenere le conclusioni dell'esame e la motivazione circostanziata della decisione.

4. Sorveglianza sotto la responsabilità dell'organismo notificato.

4.1. La sorveglianza deve garantire che il costruttore soddisfi tutti gli obblighi derivanti dal sistema qualità approvato.

4.2. Il costruttore deve consentire all'organismo notificato di accedere a fini ispettivi ai locali di verifica, prova e deposito fornendo tutte le necessarie informazioni, in particolare:

la documentazione relativa al sistema qualità;

la documentazione tecnica;

altre documentazioni quali rapporti e i dati sulle prove, le tarature, le qualifiche del personale.

4.3. L'organismo notificato deve svolgere periodicamente verifiche ispettive per assicurarsi che il costruttore mantenga ed utilizzi il sistema qualità e deve fornire al costruttore un rapporto sulle verifiche ispettive effettuate.

4.4. Inoltre, l'organismo notificato può effettuare visite senza preavviso presso il costruttore. In tale occasione, l'organismo notificato può svolgere o fa svolgere prove per verificare il buon funzionamento del sistema qualità, se necessario. Esso fornisce al costruttore un rapporto sulla visita e, se sono state svolte prove, una relazione di prova.

5. Il costruttore deve tenere a disposizione delle autorità nazionali per almeno 10 anni dall'ultima data di fabbricazione del prodotto:

la documentazione di cui al punto 3.1, secondo comma, terzo trattino;

gli aggiornamenti di cui al punto 3.4, secondo comma;

le decisioni e le relazioni dell'organismo notificato di cui al punto 3.4, ultimo periodo ed ai punti 4.3 e 4.4.

6. Ogni organismo notificato deve comunicare agli altri organismi notificati le informazioni riguardanti le approvazioni dei sistemi qualità rilasciate o ritirate].

Allegato XV

Valutazione della conformità della produzione per quanto riguarda le emissioni di gas di scarico e acustiche

[1. La verifica della conformità di una famiglia di motori è effettuata su un campione di motori di serie. Il costruttore decide la dimensione (n) del campione, d'intesa con l'organismo notificato.

2. La media aritmetica X dei risultati ottenuti dal campione è calcolata per ciascun componente regolamentato delle emissioni di gas di scarico e acustiche. La produzione della serie è considerata conforme ai requisiti ("decisione d'autorizzazione") se la condizione seguente è soddisfatta:

X + k. S £ L

S è la deviazione standard, dove:

S al quadrato = S (x-X) al quadrato/(n-1)

X = media aritmetica dei risultati

x = singoli risultati del campione

L = valore limite appropriato

n = numero di motori nel campione

k = fattore statistico dipendente da n (cfr. tabella)

n	2	3	4	5	6	7	8	9	10
k	0,973	0,613	0,489	0,421	0,376	0,342	0,317	0,296	0,279
n	11	12	13	14	15	16	17	18	19
k	0,265	0,253	0,242	0,233	0,224	0,216	0,210	0,203	0,198

Se N £ 20, K = 0,860 (radice quadrata di N)]

Allegato XVI

Tabella A
Diritti e compensi per prestazioni e servizi in materia di nautica da diporto[179]

Visite di accertamento e stazzatura navi da diporto di tipo non omologato e rilascio di certificazioni di collaudo e di stazza	354,81 euro
Visite periodiche ed occasionali navi da diporto	88,71 euro
Stazzatura o ristazzatura di navi da diporto e rilascio certificazioni	29,57 euro
Rilascio licenze di navigazione	29,57 euro
Aggiornamento licenze di navigazione	17,76 euro
Rilascio certificato d'uso motore	23,65 euro
Aggiornamento certificato d'uso motore	11,82 euro
Esame per il conseguimento delle patenti nautiche di categoria A e C	29,57 euro

---

[179] Tabella sostituita dall'art. 2, comma 1, D.M. 10 luglio 2017, a decorrere dal 17 agosto 2017, ai sensi di quanto disposto dall'art. 3, comma 1, del medesimo D.M. 10 luglio 2017. Successivamente, la presente tabella è stata modificata dall'art. 53, comma 1, D.Lgs. 3 novembre 2017, n. 229; per l'applicabilità di tale ultima disposizione vedi l'art. 61, comma 2, del medesimo D.Lgs. n. 229/2017. Infine, la presente tabella è stata così sostituita dall'art. 2, comma 1, D.M. 29 maggio 2018, a decorrere dal 2 agosto 2018, ai sensi di quanto disposto dall'art. 3, comma 1, del medesimo D.M. 29 maggio 2018.

Esame per il conseguimento della patente nautica per navi da diporto	118,27 euro
Iscrizione nell'Archivio telematico centrale delle unità da diporto (ATCN)	35,48 euro
Rinnovo licenze	29,57 euro
Trascrizione nei registri di atti relativi alla proprietà e di altri atti e domande per i quali occorre la trascrizione; iscrizione o cancellazione di ipoteche; rilascio estratto dai registri.	23,65 euro
Copia di un documento	11,82 euro
Rilascio di un duplicato	29,57 euro
Autorizzazione alla navigazione temporanea e licenza provvisoria di navigazione	23,65 euro

Decreto Presidente della Repubblica - 14/12/2018 - n. 152 - Sistema telematico centrale della nautica

DECRETO DEL PRESIDENTE DELLA REPUBBLICA
14 dicembre 2018, n. 152

Regolamento recante norme per l'attuazione del sistema telematico centrale della nautica da diporto.

IL PRESIDENTE DELLA REPUBBLICA

Visto l'articolo 87, quinto comma, della Costituzione;
Visto il regolamento (CE) n. 765/2008 del Parlamento europeo e del Consiglio del 9 luglio 2008 che pone norme in materia di accreditamento e vigilanza del mercato per quanto riguarda la commercializzazione dei prodotti e che abroga il regolamento CEE n. 339/93;
Visto il regolamento (UE) 2016/679 del Parlamento europeo e del Consiglio del 27 aprile 2016 relativo alla protezione delle persone fisiche con riguardo al trattamento dei dati personali, nonché alla libera circolazione di tali dati e che abroga la direttiva 95/46/CE (regolamento generale sulla protezione dei dati);
Visto il regio decreto 30 marzo 1942, n. 327, recante codice della navigazione;
Vista la legge 4 aprile 1977, n. 135, recante disciplina della professione di raccomandatario marittimo;
Vista la legge 1° aprile 1981, n. 121, recante nuovo ordinamento dell'Amministrazione della pubblica sicurezza;
Vista la legge 7 agosto 1990, n. 241, recante nuove norme in materia di procedimento amministrativo e di diritto di accesso ai documenti amministrativi;
Vista la legge 8 agosto 1991, n. 264, recante disciplina dell'attività di consulenza per la circolazione dei mezzi di trasporto;
Vista la legge 8 luglio 2003, n. 172, recante disposizioni per il riordino e il rilancio della nautica da diporto e del turismo nautico;
Vista la legge 23 dicembre 2009, n. 191, recante disposizioni per la formazione del bilancio annuale e pluriennale dello Stato (legge finanziaria 2010) e, in particolare, l'articolo 2, comma 222-ter, in materia di scarto degli atti di archivio;

Vista la legge 24 dicembre 2012, n. 228, recante disposizioni per la formazione del bilancio annuale e pluriennale dello Stato (legge di stabilità 2013) e, in particolare, l'articolo 1, commi 217, 218, 219, 220, 221 e 222;

Visto il decreto-legge 12 settembre 2014, n. 133, convertito, con modificazioni, dalla legge 11 novembre 2014, n. 164, recante misure urgenti per l'apertura dei cantieri, la realizzazione delle opere pubbliche, la digitalizzazione del Paese, la semplificazione burocratica, l'emergenza del dissesto idrogeologico e per la ripresa delle attività produttive;

Visto il decreto legislativo 6 settembre 1989, n. 322, recante norme sul Sistema statistico nazionale e sulla riorganizzazione dell'Istituto nazionale di statistica, ai sensi dell'articolo 24 della legge 23 agosto 1988, n. 400;

Visto il decreto legislativo 30 giugno 2003, n. 196, recante codice in materia di protezione dei dati personali;

Visto il decreto legislativo 7 marzo 2005, n. 82, recante codice dell'amministrazione digitale;

Visto il decreto legislativo 18 luglio 2005, n. 171, recante codice della nautica da diporto ed attuazione della direttiva 2003/44/CE, a norma dell'articolo 6 della legge 8 luglio 2003, n. 172;

Visto il decreto legislativo 24 gennaio 2006, n. 36, recante attuazione della direttiva 2003/98/CE relativa al riutilizzo di documenti nel settore pubblico;

Visto il decreto del Presidente della Repubblica 15 febbraio 1952, n. 328, recante approvazione del regolamento per l'esecuzione del codice della navigazione (navigazione marittima);

Visto il decreto del Presidente della Repubblica 29 settembre 1973, n. 605, recante disposizioni relative all'anagrafe tributaria e al codice fiscale dei contribuenti;

Visto il decreto del Presidente della Repubblica 28 settembre 1994, n. 634, recante regolamento per l'ammissione all'utenza del servizio di informatica del centro di elaborazione dati della Direzione generale della motorizzazione civile e dei trasporti in concessione;

Visto il decreto del Presidente della Repubblica 18 aprile 2000, n. 135, recante regolamento concernente l'approvazione della nuova tabella delle circoscrizioni territoriali marittime;

Visto il decreto del Presidente della Repubblica 28 dicembre 2000, n. 445, recante testo unico delle disposizione legislative e regolamentari in materia di documentazione amministrativa;

Visto il decreto del Ministero delle finanze 21 ottobre 1999, recante comunicazione all'anagrafe tributaria, da parte degli uffici marittimi e degli uffici della motorizzazione civile - sezione nautica, di dati e di notizie relativi alle iscrizioni ed alle note di trascrizione di atti costitutivi, traslativi o estintivi della proprietà o di altri diritti reali di godimento, nonché alle dichiarazioni di armatore, concernenti navi, galleggianti ed unità da diporto, o quote di essi, pubblicato nella Gazzetta Ufficiale della Repubblica italiana n. 268 del 15 novembre 1999;

Visto il decreto del Ministro delle infrastrutture e dei trasporti 29 luglio 2008, n. 146, recante regolamento di attuazione dell'articolo 65 del decreto legislativo 18 luglio 2005, n. 171, recante il codice della nautica da diporto;

Visto il decreto del Presidente del Consiglio dei ministri 24 ottobre 2014, recante definizione delle caratteristiche del sistema pubblico per la gestione dell'identità digitale di cittadini e imprese (SPID), nonché dei tempi e delle modalità di adozione del sistema SPID da parte delle pubbliche amministrazioni e delle imprese, pubblicato nella Gazzetta Ufficiale della Repubblica italiana n. 285 del 9 dicembre 2014;

Vista la preliminare deliberazione del Consiglio dei ministri, adottata nella riunione del 20 gennaio 2017;

Acquisito il parere della Conferenza unificata di cui all'articolo 8 del decreto legislativo 28 agosto 1997, n. 281, espresso nella seduta del 9 marzo 2017;

Visto l'articolo 17, comma 2, della legge 23 agosto 1988, n. 400, recante disciplina dell'attività di Governo e ordinamento della Presidenza del Consiglio dei ministri;

Udito il parere del Consiglio di Stato, espresso dalla sezione consultiva per gli atti normativi, nell'adunanza del 4 maggio 2017;

Acquisito il parere del Garante per la protezione dei dati personali, espresso nell'adunanza del 26 luglio 2017;

Acquisito il parere delle competenti Commissioni della Camera dei deputati e del Senato della Repubblica;

Vista la deliberazione del Consiglio dei ministri, adottata nella riunione del 28 novembre 2018;

Sulla proposta del Presidente del Consiglio dei ministri e del Ministro delle infrastrutture e dei trasporti;

EMANA

il seguente regolamento:

Art. 1,
Oggetto e definizioni

1. Ai sensi dell'articolo 1, commi 217 e seguenti, della legge 24 dicembre 2012, n. 228, il presente regolamento disciplina l'organizzazione e il funzionamento del Sistema telematico centrale della nautica da diporto.

2. Ai fini del presente regolamento, si intende per:

a) ATCN: l'Archivio telematico centrale delle unità da diporto del Dipartimento per i trasporti, la navigazione, gli affari generali ed il personale del Ministero delle infrastrutture e dei trasporti;

b) CED: il Centro elaborazione dati della Direzione generale per la motorizzazione del Dipartimento per i trasporti, la navigazione, gli affari generali ed il personale del Ministero delle infrastrutture e dei trasporti;

c) DCI: la dichiarazione di costruzione o importazione;

d) Dipartimento trasporti: il Dipartimento per i trasporti, la navigazione, gli affari generali ed il personale del Ministero delle infrastrutture e dei trasporti;

e) Documento di navigazione: la licenza di navigazione e ogni altro documento prescritto ai fini della navigazione delle unità da diporto;

f) Ministero: il Ministero delle infrastrutture e dei trasporti;

g) Raccomandatari: i raccomandatari marittimi di cui all'articolo 2, comma 1, della legge 4 aprile 1977, n. 135;

h) RID: i Registri delle imbarcazioni da diporto;

i) RND: i Registri delle navi da diporto;

l) SISTE: il Sistema telematico centrale della nautica da diporto;

m) SPID: il Sistema pubblico di identità digitale;

n) STED: lo Sportello telematico del diportista;

o) Studi di consulenza: le imprese e le società esercenti l'attività di consulenza per la circolazione dei mezzi di trasporto ai sensi dell'articolo 2, comma 1, della legge 8 agosto 1991, n. 264;

p) UCON: l'Ufficio di conservatoria centrale delle unità da diporto istituito presso l'ATCN;

q) UMC: gli Uffici della motorizzazione civile;

r) Unità da diporto: le navi e le imbarcazioni da diporto di cui all'articolo 3, comma 1, lettere b), c), d), e) e f), del decreto legislativo 18 luglio 2005, n. 171, nonché i natanti da diporto di cui alla lettera g) del medesimo articolo, iscritti nell'ATCN ai sensi dell'articolo 27, comma 2, del decreto legislativo 18 luglio 2005, n. 171.

Art. 2.
Sistema telematico centrale della nautica da diporto «SISTE»
1. Presso il Dipartimento trasporti è istituito, ai sensi dell'articolo 1, comma 217, della legge 24 dicembre 2012, n. 228, nel rispetto delle regole tecniche adottate sulla base dell'articolo 71 del decreto legislativo 7 marzo 2005, n. 82, il Sistema telematico centrale della nautica da diporto (SISTE), che include:

a) l'Archivio telematico centrale delle unità da diporto (ATCN), contenente le informazioni di carattere tecnico e giuridico delle unità da diporto;

b) l'Ufficio di conservatoria centrale delle unità da diporto (UCON);

c) lo Sportello telematico del diportista (STED), presso il quale sono espletate, mediante collegamento telematico con il CED, le attività di cui all'articolo 5, comma 2.

Art. 3.
Archivio telematico centrale delle unità da diporto «ATCN»

1. Per ogni unità da diporto sono trascritti o annotati nell'Archivio telematico centrale delle unità da diporto (ATCN):

a) la data, il numero e la sigla di iscrizione ovvero il codice alfanumerico, il nome dell'unità se richiesto nonché la stazza per le navi da diporto;

b) i dati relativi alla cancellazione;

c) i dati del proprietario;

d) i dati dell'armatore o gli atti relativi alle vicende costitutive, modificative ed estintive della società di armamento;

e) i dati anagrafici dell'utilizzatore a titolo di locazione finanziaria e la data di scadenza del relativo contratto;

f) i dati relativi al costruttore dello scafo o all'eventuale mandatario autorizzato;

g) i dati relativi al costruttore del motore o all'eventuale mandatario autorizzato;

h) le caratteristiche tecniche dello scafo;

i) le caratteristiche tecniche dei motori;

l) la dichiarazione di conformità UE di cui all'allegato VIII del decreto legislativo 18 luglio 2005, n. 171;

m) la dichiarazione di potenza del motore di cui all'articolo 28, comma 2, del decreto legislativo 18 luglio 2005, n. 171;

n) le caratteristiche della propulsione velica;

o) i dati relativi agli apparati ricetrasmittenti di bordo e la relativa licenza di esercizio dell'apparato radiotelefonico, anche provvisoria;

p) la perdita e il rientro in possesso dell'unità;

q) i dati relativi alla licenza di navigazione, anche provvisoria;

r) i dati relativi al certificato di sicurezza di cui all'articolo 26, comma 1, del decreto legislativo 18 luglio 2005, n. 171;

s) i dati relativi al certificato di idoneità al noleggio di cui all'articolo 26, comma 1-bis, del decreto legislativo 18 luglio 2005, n. 171;

t) l'autorizzazione alla navigazione temporanea di cui all'articolo 31, commi 1 e 2, del decreto legislativo 18 luglio 2005, n. 171;

u) i dati relativi ai documenti di navigazione di cui all'articolo 15-ter, commi 3 e 5, del decreto legislativo 18 luglio 2005, n. 171;

v) l'indicazione dell'eventuale destinazione a fini commerciali, con specificazione del tipo di utilizzazione ai sensi dell'articolo 2 del decreto legislativo 18 luglio 2005, n. 171;

z) le informazioni inerenti i controlli di sicurezza della navigazione di cui all'articolo 9, comma 1, della legge 8 luglio 2003, n. 172 e all'articolo 26-bis, commi 1 e 2, del decreto legislativo 18 luglio 2005, n. 171, effettuati sulle unità da diporto dalle autorità di polizia;

aa) tutti gli atti soggetti a pubblicità ai sensi dell'articolo 17 del decreto legislativo 18 luglio 2005, n. 171.

2. L'ATCN è completamente informatizzato e si articola in due sezioni:

a) «Sezione dati RID e RND», popolata dalle Capitanerie di porto, dagli Uffici circondariali marittimi e dagli UMC attraverso il trasferimento dei dati presenti nei registri di iscrizione cartacei e nei pertinenti fascicoli, dagli stessi tenuti alla data di entrata in vigore del presente regolamento;

b) «Sezione dati SISTE», popolata e aggiornata con i dati raccolti dal CED in sede di prima immatricolazione delle unità da diporto e di rilascio dei documenti di navigazione relativi alle unità da diporto già immatricolate, con le informazioni trasmesse dal Corpo delle Capitanerie di porto e dalle Forze di polizia ai sensi del comma 4 e con i dati tecnici trasmessi dalle associazioni dei costruttori, importatori e distributori di unità da diporto maggiormente rappresentative sul piano nazionale, individuate con decreto del Ministero da emanarsi entro centoventi giorni dall'entrata in vigore del presente regolamento.

3. L'accesso ai dati contenuti nell'ATCN è consentito:

a) alle autorità pubbliche individuate dagli articoli 1 e 3, comma 1, lettera a), del decreto del Presidente della Repubblica 28 settembre 1994, n. 634, secondo i criteri e le modalità dallo stesso disciplinate;

b) ai soggetti privati di cui all'articolo 3, comma 1, lettera b), del decreto del Presidente della Repubblica 28 settembre 1994, n. 634, secondo le modalità stabilite dallo stesso e nel rispetto delle disposizioni vigenti in materia di accesso alla documentazione amministrativa;

c) agli ufficiali e agenti di polizia giudiziaria appartenenti alle Forze di polizia di cui all'articolo 16 della legge 1° aprile 1981, n. 121, agli ufficiali di pubblica sicurezza, per il tramite del centro elaborazione dati di cui all'articolo 8 della medesima legge, nonché agli ufficiali e agenti di polizia giudiziaria di cui all'articolo 1235 del codice della navigazione appartenenti al Corpo delle Capitanerie di porto.

4. Per la realizzazione dei controlli di sicurezza della navigazione di cui all'articolo 9 della legge 8 luglio 2003, n. 172 e all'articolo 26-bis, commi 1 e 2, del decreto legislativo 18 luglio 2005, n. 171, il Ministero può stipulare appositi protocolli di intesa con il Dipartimento della pubblica sicurezza per la Polizia di Stato e con i rispettivi Comandi generali dell'Arma dei carabinieri e del Corpo della Guardia di finanza, per definire le specifiche procedure e modalità operative relative alla acquisizione, esclusivamente in sede locale, anche telematica, delle informazioni di cui al comma 1, lettera z).

Art. 4.
Ufficio di conservatoria centrale delle unità da diporto «UCON»

1. L'Ufficio di conservatoria centrale delle unità da diporto (UCON), unità organizzativa di livello non dirigenziale del Dipartimento trasporti, esercita le seguenti funzioni:

a) cura i rapporti con il CED per l'ottimizzazione del funzionamento del SISTE;

b) riceve le richieste di abilitazione allo STED, nonché le segnalazioni e i reclami da parte dei soggetti richiedenti di cui all'articolo 6, ovvero da parte dei soggetti già abilitati, e adotta i necessari provvedimenti;

c) vigila sul corretto utilizzo dei collegamenti telematici da parte dei soggetti abilitati all'utilizzo dello STED e adotta i provvedimenti di cui all'articolo 8, commi 4 e 5;

d) cura i rapporti con tutti i soggetti abilitati al popolamento e all'aggiornamento dell'ATCN, vigilando sul corretto utilizzo del sistema;

e) effettua le operazioni di popolamento, aggiornamento, conservazione e validazione delle informazioni contenute nell'ATCN nonché il rilascio della relativa documentazione in caso di inerzia o ritardo da parte degli STED;

f) effettua le iscrizioni, le trascrizioni e le annotazioni degli atti soggetti a pubblicità navale, ivi compresi gli atti costitutivi di garanzie sulle unità da diporto, sulla base della documentazione acquisita per il tramite degli STED;

g) effettua l'accertamento di conformità e la validazione delle richieste relative alle operazioni di cui all'articolo 5, comma 2, presentate allo STED;

h) rilascia il nulla osta alla dismissione di bandiera o alla demolizione;

i) compie ogni altra attività necessaria alla gestione del SISTE.

2. Con successivo decreto del Ministro delle infrastrutture e dei trasporti, da adottare entro centoventi giorni dalla data di entrata in vigore del presente decreto, sentito il Garante per la protezione dei dati personali, ai sensi dell'articolo 36, paragrafo 4, del regolamento (UE) 2016/679 del Parlamento europeo e del Consiglio del 27 aprile 2016, sono stabilite le modalità per il trattamento, la conservazione e la gestione informatizzata dei dati dell'archivio.

3. Con provvedimenti del Ministero, da adottare entro centoventi giorni dalla data di entrata in vigore del presente decreto, è individuato il personale per la gestione del SISTE, con adeguate competenze professionali, informatiche e giuridiche, nonché quello da assegnare all'UCON, anche per le attività di validazione dei dati comunicati dagli STED.

4. L'UCON cura gli adempimenti di comunicazione all'anagrafe tributaria delle informazioni di cui agli articoli 6 e 7 del decreto del Presidente della Repubblica 29 settembre 1973, n. 605 e all'articolo 1 del decreto del Ministero delle finanze 21 ottobre 1999.

Art. 5.
Sportello telematico del diportista «STED»
1. Lo STED è attivato, mediante collegamento telematico con il CED, presso:
a) le Capitanerie di porto e gli Uffici circondariali marittimi;
b) gli UMC;
c) i raccomandatari abilitati dal CED all'utilizzo dei collegamenti telematici, secondo quanto previsto dall'articolo 1, comma 1-ter, della legge 7 agosto 1990, n. 241;
d) gli studi di consulenza, in possesso di autorizzazione in corso di validità rilasciata ai sensi della legge 8 agosto 1991, n. 264, abilitati dal CED all'utilizzo dei collegamenti telematici, secondo quanto previsto dall'articolo 1, comma 1-ter, della legge 7 agosto 1990, n. 241.
2. I soggetti di cui al comma 1, tramite lo STED, previa validazione dell'UCON, provvedono:
a) alle attività istruttorie finalizzate all'iscrizione, anche provvisoria, e alla cancellazione nella «Sezione dati SISTE» dell'ATCN;
b) alle attività istruttorie finalizzate all'annotazione dell'utilizzazione a fini commerciali di cui all'articolo 24, comma 1, del decreto del Ministro delle infrastrutture e dei trasporti 29 luglio 2008, n. 146;
c) al rilascio degli atti relativi alla proprietà e degli altri atti e domande per i quali occorre l'iscrizione e la trascrizione;
d) all'annotazione della perdita e del rientro in possesso di cui all'articolo 15, comma 4, del decreto legislativo 18 luglio 2005, n. 171;
e) alle attività istruttorie finalizzate all'utilizzazione a titolo di locazione finanziaria con facoltà di acquisto;
f) alle attività istruttorie relative al rilascio del nulla osta alla dismissione di bandiera o alla demolizione;
g) al rilascio della licenza di navigazione, all'aggiornamento della stessa mediante emissione di appositi tagliandi, nonché al rilascio del duplicato della licenza in caso di sottrazione, smarrimento, distruzione o deterioramento dell'originale;
h) al rilascio della licenza di navigazione provvisoria di cui all'articolo 20, comma 2, del decreto legislativo 18 luglio 2005, n. 171;
i) alle attività istruttorie relative alla dichiarazione di armatore;
l) alle attività istruttorie tese al rilascio della licenza di esercizio dell'apparato radiotelefonico, anche provvisoria;

m) al rilascio del certificato di sicurezza e del certificato di idoneità al noleggio di cui all'articolo 26 del decreto legislativo 18 luglio 2005, n. 171;
n) al rilascio dell'autorizzazione alla navigazione temporanea di cui all'articolo 32 del decreto legislativo 18 luglio 2005, n. 171.
3. Le attività previste al comma 2 sono espletate previa verifica, in via telematica, della sussistenza di eventuali iscrizioni, trascrizioni o annotazioni, inclusi i fermi amministrativi a qualsiasi titolo disposti, gravanti sull'unità da diporto.
4. I raccomandatari e gli studi di consulenza, presso i quali è attivato lo STED, espongono, all'esterno dei locali dove hanno sede, l'apposito contrassegno, il cui modello è riprodotto nell'allegato A.

Art. 6.
Abilitazione dei raccomandatari e degli studi di consulenza
1. I raccomandatari e gli studi di consulenza che intendono attivare uno STED presso la propria sede presentano richiesta di abilitazione all'UCON per il tramite degli UMC competenti per territorio.
2. L'UMC competente per territorio comunica all'UCON, in via telematica, il nulla osta al collegamento con il CED, previa verifica dei requisiti previsti dall'articolo 5, comma 1. L'UCON, verificata la condizione di cui all'articolo 10, comma 4, autorizza il collegamento con il CED, di cui informa l'UMC.

Art. 7.
Fornitura e custodia dei materiali
1. Il Ministero, tramite le Capitanerie di porto, gli Uffici circondariali marittimi e gli UMC competenti per territorio fornisce agli STED idonea modulistica, necessaria all'espletamento delle attività di cui all'articolo 5, anche in formato digitale. Con decreto del Ministro delle infrastrutture e dei trasporti, da adottare entro centoventi giorni dalla data di entrata in vigore del presente decreto, sentito il Garante per la protezione dei dati personali, ai sensi dell'articolo 36, paragrafo 4, del regolamento (UE) 2016/679 del Parlamento europeo e del Consiglio del 27 aprile 2016, sono stabilite le caratteristiche tecniche e di sicurezza della modulistica e le misure per la conservazione e la custodia della stessa.

Art. 8.
Funzionamento degli STED
1. Ai fini dell'individuazione dei soggetti legittimati ad accedere agli STED si applica in quanto compatibile la disciplina vigente in materia di accesso agli sportelli delle Capitanerie di porto, degli Uffici circondariali marittimi

e degli UMC, nonché le disposizioni contenute nella legge 8 agosto 1991, n. 264.

2. Lo STED, effettuata la verifica di cui all'articolo 5, comma 3, prende in carico le richieste di cui all'articolo 5, comma 2, secondo le direttive dell'UCON. Il rilascio delle licenze di navigazione e dei relativi tagliandi di aggiornamento, il rilascio delle autorizzazioni alla navigazione temporanea e delle licenze provvisorie è subordinato alla presentazione della dichiarazione di costruzione o importazione (DCI) di cui all'articolo 13, comma 5, conforme al modello approvato con provvedimento del Ministero, rilasciata dalle associazioni maggiormente rappresentative sul piano nazionale di cui all'articolo 3, comma 2, lettera b). Le istanze non corredate dall'attestazione dell'avvenuto pagamento delle imposte e dei diritti dovuti o dal contestuale versamento degli stessi, nonché dalla DCI, non sono prese in considerazione.

3. Ricevuta l'istanza, lo STED provvede, secondo le modalità stabilite dal Ministero, a trasmettere in via telematica le informazioni necessarie al CED unitamente alla documentazione presentata dal richiedente, al documento di identità del richiedente, alla DCI e alle attestazioni di versamento delle imposte e dei diritti dovuti.

4. Acquisite le informazioni e le documentazioni di cui al comma 3, il CED attribuisce, in modo automatico, un numero progressivo che individua l'ordine cronologico di presentazione delle istanze. Verificata la congruenza dei dati ricevuti con quelli presenti nell'ATCN, il CED procede all'aggiornamento dell'archivio, autorizza lo STED alla stampa del documento di navigazione richiesto e assegna l'eventuale numero di iscrizione, generato automaticamente dal sistema informativo, dopo la validazione dell'istanza da parte dell'UCON.

5. In caso di irregolarità accertate successivamente alla emissione dei documenti di navigazione, effettuata anche dagli STED, l'UCON dispone la cancellazione motivata dei documenti stessi dall'ATCN, anche su segnalazione degli organi di polizia che provvedono al loro ritiro. L'UCON segnala le irregolarità accertate all'autorità competente, al fine della eventuale applicazione delle sanzioni previste dall'articolo 9 della legge 8 agosto 1991, n. 264, anche nei confronti degli studi di consulenza, nonché, con riguardo ai raccomandatari, in base all'articolo 13 della legge 4 aprile 1977, n. 135.

6. Con decreto del Ministro delle infrastrutture e dei trasporti, da adottare entro centoventi giorni dalla data di entrata in vigore del presente decreto, sentito il Garante per la protezione dei dati personali, ai sensi dell'articolo 36, paragrafo 4, del regolamento (UE) 2016/679 del Parlamento europeo e del Consiglio del 27 aprile 2016, sono disciplinate, ai sensi dell'articolo 2, comma 222-ter, della legge 23 dicembre 2009, n. 191, le modalità e la

tempistica per lo scarto degli atti di archivio della documentazione di cui al comma 2, trasmessa all'UCON in formato elettronico ai sensi del comma 3.

Art. 9.
Vigilanza
1. Le Capitanerie di porto e gli UMC, nell'ambito dei rispettivi territori di competenza, vigilano sul corretto funzionamento degli STED attivi presso i raccomandatari e gli studi di consulenza abilitati e sulle modalità di conservazione della modulistica di cui all'articolo 7 e, in caso di accertate irregolarità, ne danno comunicazione all'UCON per l'adozione dei provvedimenti previsti dall'articolo 10.

Art. 10.
Sospensione e decadenza dell'operatività degli STED
1. Nel caso previsto dall'articolo 8, comma 5, accertato il rilascio di certificazioni non veritiere da parte degli STED, l'UCON dispone la sospensione dell'operatività degli STED attivi presso i raccomandatari e gli studi di consulenza abilitati per un periodo di trenta giorni; in caso di irregolarità contestate successivamente alla prima, dispone la sospensione per un periodo di novanta giorni. L'UCON dispone la cessazione dell'operatività degli STED, nel caso di una terza violazione nell'arco temporale di un anno.
2. Le disposizioni previste dal comma 1 si applicano anche nel caso di irregolarità accertate, a norma dell'articolo 9, in sede di vigilanza sul corretto funzionamento degli STED attivi presso i raccomandatari e gli studi di consulenza abilitati.
3. Nel caso di sospensione dell'autorizzazione all'esercizio dell'attività di consulenza per la circolazione dei mezzi di trasporto disposta dall'autorità competente ai sensi dell'articolo 9, comma 2, della legge 8 agosto 1991, n. 264, è sospesa l'operatività degli STED. Nel caso di revoca dell'autorizzazione, ai sensi dell'articolo 9, comma 3, della medesima legge n. 264 del 1991, termina l'operatività degli STED. Analogamente è sospesa o terminata l'operatività degli STED presso i raccomandatari marittimi in caso, rispettivamente, di sospensione o di radiazione dall'esercizio dell'attività disposta ai sensi dell'articolo 13 della legge 4 aprile 1977, n. 135.
4. I raccomandatari e gli studi di consulenza interessati possono richiedere l'abilitazione decorso un periodo non inferiore a due anni dalla data di avvenuta notifica della cessazione dell'operatività disposta dall'UCON a norma del presente articolo.

Art. 11.
Modalità di accesso tramite SPID

1. L'accesso al SISTE per la verifica della propria posizione potrà avvenire anche tramite SPID.

2. Il pagamento dei diritti previsti per le prestazioni e i servizi di cui ai commi 1-bis e 2 dell'articolo 63 del decreto legislativo 18 luglio 2005, n. 171, può avvenire anche tramite apposite procedure telematiche, da individuarsi con decreto del Ministro delle infrastrutture e dei trasporti di concerto con il Ministro dell'economia e delle finanze, da adottare entro centoventi giorni dalla data di entrata in vigore del presente decreto.

3. Con decreto del Ministro delle infrastrutture e dei trasporti e del Ministro per la pubblica amministrazione, da adottare entro centoventi giorni dall'entrata in vigore del presente decreto, sentito il Garante per la protezione dei dati personali, ai sensi dell'articolo 36, paragrafo 4, del regolamento (UE) 2016/679 del Parlamento europeo e del Consiglio del 27 aprile 2016, sono adottate, ai sensi dell'articolo 71 del decreto legislativo 7 marzo 2005, n. 82, le regole tecniche necessarie al fine di attuare quanto disposto ai commi 1 e 2, anche gradualmente e nel rispetto delle soluzioni esistenti.

Art. 12.
Clausola di invarianza finanziaria

1. Dall'attuazione del presente decreto non devono derivare nuovi o maggiori oneri a carico della finanza pubblica.

2. Le amministrazioni interessate provvedono ai compiti derivanti dal presente regolamento con le risorse umane, strumentali e finanziarie disponibili a legislazione vigente.

Art. 13.
Norme transitorie e finali

1. È avviato un periodo di sperimentazione dal 1° aprile al 31 agosto 2019 durante il quale gli STED, specificamente individuati con apposito provvedimento ministeriale, iscrivono le unità da diporto di nuova immatricolazione esclusivamente nell'ATCN.

2. Le operazioni di popolamento della «Sezione dati RID e RND» dell'ATCN, previste dall'articolo 3, comma 2, lettera a), sono completate entro il 1° gennaio 2021.

3. Nelle more del completamento delle operazioni di cui al comma 2, le Capitanerie di porto, gli Uffici circondariali marittimi e gli UMC provvedono in ogni caso a trasferire all'ATCN i dati contenuti nei registri di iscrizione cartacei relativi alle unità da diporto, immatricolate entro il 31 agosto 2019, nel caso in cui gli interessati richiedano il rilascio di uno dei

documenti di navigazione di cui all'articolo 5, comma 2. Il rilascio di tali documenti è subordinato al rilascio di una nuova licenza di navigazione emessa ai sensi del presente regolamento. Contestualmente, le Capitanerie di porto, gli Uffici circondariali marittimi e gli UMC annotano l'avvenuto trasferimento all'ATCN dei dati contenuti nei registri di iscrizione cartacei e, successivamente, provvedono alla trasmissione degli stessi all'UCON.

4. Ferme restando le funzioni e le competenze in materia di polizia e sicurezza della navigazione, attribuite dalla legislazione vigente alle autorità competenti:

a) a decorrere dal 1° settembre 2019 le unità da diporto di nuova immatricolazione sono iscritte esclusivamente nell'ATCN;

b) a decorrere dal 1° gennaio 2021, le unità da diporto sono iscritte esclusivamente nell'ATCN.

5. La DCI è richiesta ai fini del rilascio:

a) della licenza di navigazione per le unità da diporto immatricolate a decorrere dal 1° settembre 2019;

b) della licenza di navigazione delle unità da diporto, immatricolate al 31 agosto 2019 non ancora presenti nella «Sezione dati SISTE»;

c) delle autorizzazioni alla navigazione temporanea e delle licenze provvisorie;

d) del certificato di idoneità e del certificato di sicurezza, anche al fine di consentire le attività di vigilanza sul mercato previste dalle norme vigenti.

6. Per le finalità antifrode di cui all'articolo 1, comma 219, della legge n. 228 del 2012, i produttori o gli importatori, ovvero i loro mandatari autorizzati, di unità da diporto superiori a 2,5 metri, comunicano alle associazioni maggiormente rappresentative sul piano nazionale di cui all'articolo 3, comma 2, lettera b), i dati tecnici delle stesse nel rispetto delle disposizioni stabilite dal Ministero. Per le medesime finalità, con decreto del Ministro delle infrastrutture e dei trasporti, di concerto con il Ministro dello sviluppo economico, sentito l'Istituto per la vigilanza sulle assicurazioni, da adottare entro centoventi giorni dalla data di entrata in vigore del presente decreto, sono stabilite le modalità per la progressiva dematerializzazione dei contrassegni relativi ai contratti di assicurazione per la responsabilità civile verso i terzi per i danni derivanti dalla navigazione delle unità da diporto, prevedendo la loro sostituzione con la comunicazione telematica dei relativi dati all'ATCN.

7. Il Comando generale del Corpo delle Capitanerie di porto è autorizzato a stipulare specifici accordi con le regioni per la gestione del Registro navi minori e galleggianti sulle acque interne, ora in carico agli uffici regionali degli Ispettorati di porto.

8. Gli oneri relativi alle attività di cui al comma 7, calcolati sulla base del criterio di copertura del costo effettivo del servizio, sono a carico delle regioni e sono determinati negli accordi o nelle intese stipulati.

9. Le disposizioni di cui ai commi 3 e 5 si applicano a decorrere dal 1° settembre 2019.

Il presente decreto, munito del sigillo dello Stato, sarà inserito nella Raccolta ufficiale degli atti normativi della Repubblica italiana. È fatto obbligo a chiunque spetti di osservarlo e di farlo osservare.

Dato a Roma, addì 14 dicembre 2018

MATTARELLA CONTE, Presidente del Consiglio dei ministri
TONINELLI, Ministro delle infrastrutture e dei trasporti

Visto, il Guardasigilli: BONAFEDE

Allegato A al Decreto n. 152 del 14/12/2018
(Articolo 5, comma 4)

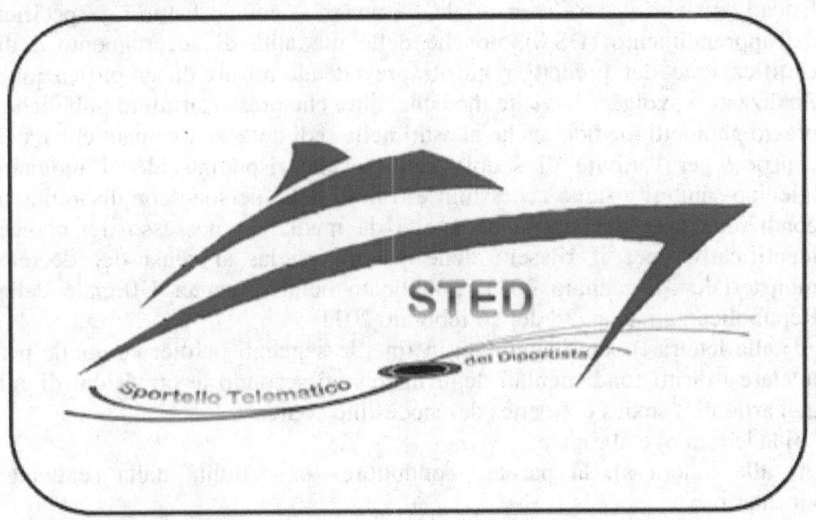

Dimensioni:
a) altezza: mm 200;
b) larghezza: mm 300.

ULTERIORI PREVISIONI DEL DECRETO LEGISLATIVO 12 NOVEMBRE 2020, N.160

(omissis)

Art. 30
Modifiche all'articolo 59 del decreto legislativo 3 novembre 2017, n. 229

1. All'articolo 59, comma 1, del decreto legislativo 3 novembre 2017, n. 229, sono apportate le seguenti modificazioni:

a) la lettera e) è abrogata;

b) alla lettera h), dopo le parole «in solitario,» sono inserite le seguenti: «anche nel caso di navigazione limitata all'area di ricerca e soccorso nazionale se in presenza di strumenti elettronici per la localizzazione,», la parola «rilasciati» è sostituita dalla seguente: «rilasciate» e dopo le parole «n. 171» sono inserite le seguenti: «, nonché gli apparati di comunicazione»;

c) la lettera i) è sostituita dalla seguente: «i) disciplina dei requisiti soggettivi, fisici, psichici e morali per il conseguimento, la convalida e la revisione delle patenti nautiche, anche a favore di persone con disabilità fisica, psichica o sensoriale, ovvero con disturbi specifici dell'apprendimento (DSA), nonché delle modalità di accertamento e di certificazione dei predetti requisiti, prevedendo misure di semplificazione finalizzate a svolgere le visite mediche, oltre che presso strutture pubbliche, presso gabinetti medici, anche allestiti nelle sedi delle scuole nautiche e dei consorzi per l'attività di scuola nautica, che rispettino idonei requisiti igienico sanitari e siano accessibili e fruibili dalle persone con disabilità, a condizione che le visite siano svolte da medici in possesso del codice identificativo per il rilascio delle patenti guida, ai sensi del decreto ministeriale 31 gennaio 2011, pubblicato nella Gazzetta Ufficiale della Repubblica italiana n. 38 del 16 febbraio 2011»;

d) alla lettera l), sono aggiunte, in fine, le seguenti parole: «e quelle per tutelare i diritti fondamentali degli interessati secondo le previsioni di cui agli articoli 2-sexies e 2-octies del medesimo codice»;

e) la lettera o) è abrogata;

f) alla lettera s), la parola «conduttore» è sostituita dalla seguente: «locatario»;

g) dopo la lettera bb), sono aggiunte le seguenti:

«bb-bis) disciplina della navigazione e dell'utilizzo delle unità da diporto a controllo remoto, delle responsabilità connesse e del regime assicurativo;

bb-ter) disciplina relativa all'annotazione sul ruolino di equipaggio, secondo criteri di semplificazione delle procedure e alla luce delle modalità di comunicazione telematica, anche con riguardo alle unità in acque estere.».

Art. 31
Modifiche all'articolo 22 del decreto legislativo 11 gennaio 2016, n. 5

1. All'articolo 22 del decreto legislativo 11 gennaio 2016, n. 5, dopo il comma 1 è aggiunto il seguente: «1-bis. Alle unità da diporto non marcate CE immesse in commercio antecedentemente al 16 giugno 1998 non si applica la valutazione di post costruzione. La disciplina per la realizzazione di una modifica o di una conversione rilevante, come definita dall'articolo 18, è prevista, per tali unità da diporto, ai fini della conferma del mantenimento delle condizioni di sicurezza, nel regolamento di attuazione del codice della nautica da diporto.».

Art. 32
Modifiche all'articolo 5 della legge 28 gennaio 1994, n. 84

1. All'articolo 5, comma 2-bis, della legge 28 gennaio 1994, n. 84, è aggiunto, in fine, il seguente periodo: «Il piano regolatore di sistema portuale e il piano regolatore portuale individuano le strutture demaniali da destinarsi, nell'ambito di tali approdi, a ricovero a secco di imbarcazioni e di natanti da diporto, come definiti dall'articolo 3, comma 1, lettere f) e g), del decreto legislativo 18 luglio 2005, n. 171.».

Art. 33
Disposizioni transitorie

1. Con i regolamenti previsti dagli articoli 49-septies, comma 21, e 49-octies, comma 15, del decreto legislativo 18 luglio 2005, n. 171 sono stabiliti i regimi transitori e derogatori di adeguamento ai nuovi requisiti delle scuole nautiche, dei consorzi tra scuole nautiche e dei centri di istruzione per la nautica rispettivamente autorizzati o assentiti, ovvero riconosciuti in data anteriore all'entrata in vigore del presente decreto.

2. Fino all'emanazione del regolamento previsto dall'articolo 49-septies, comma 21, del decreto legislativo 18 luglio 2005, n. 171, per quanto non in contrasto e per quanto non disciplinato dalle disposizioni immediatamente applicabili di cui al medesimo articolo, permangono efficaci le leggi regionali e i regolamenti provinciali di disciplina dell'attività di scuola nautica e le altre disposizioni pertinenti vigenti.

3. Fino all'emanazione del regolamento previsto dall'articolo 49-octies, comma 15, del decreto legislativo 18 luglio 2005, n. 171, per quanto non in contrasto e per quanto non disciplinato dalle disposizioni immediatamente

applicabili di cui al medesimo articolo, continua ad applicarsi la disciplina dei centri di istruzione per la nautica di cui al decreto del Ministero delle infrastrutture e dei trasporti 25 febbraio 2009.

4. Le associazioni e gli enti nautici di livello nazionale che, alla data di entrata in vigore del presente decreto, hanno assunto la denominazione di centro di istruzione per la nautica in base alla disciplina previgente, sono riconosciuti ai sensi dell'articolo 49-octies, comma 1, del decreto legislativo 18 luglio 2005, n. 171.

5. Fino all'emanazione del regolamento previsto dall'articolo 49-quinquies, comma 10, del decreto legislativo 18 luglio 2005, n. 171, le attività di insegnamento teorico e di istruzione pratica delle tecniche di base della navigazione a vela di cui agli articoli 49-septies, commi 12 e 13 e 49-octies, comma 9, di cui al medesimo decreto legislativo n. 171 del 2005, nonché le funzioni di esaminatore per il conseguimento o l'estensione delle patenti nautiche che abilitano alla navigazione a vela di cui all'articolo 29 del decreto del Ministro delle infrastrutture e dei trasporti 29 luglio 2008, n. 146, sono svolte da esperti velisti riconosciuti idonei dalla Federazione italiana vela o dalla Lega navale italiana, anche non appartenenti ai predetti enti.

6. Fino all'emanazione del regolamento previsto dall'articolo 49-quinquies, comma 10, del decreto legislativo 18 luglio 2005, n. 171, i bandi di selezione per esperti velisti emanati dalla Federazione italiana vela o dalla Lega navale italiana sono aperti anche a soggetti non appartenenti ai predetti enti.

7. Le disposizioni di cui all'articolo 20 hanno effetto a decorrere dal 1° gennaio 2022.

Art. 34
Clausola di invarianza finanziaria

1. Dall'attuazione del presente decreto non devono derivare nuovi o maggiori oneri a carico della finanza pubblica.

2. Le amministrazioni interessate provvedono ai compiti derivanti dal presente decreto con le risorse umane, strumentali e finanziarie disponibili a legislazione vigente.

LEGGE 29 luglio 2021, n.108

Conversione in legge, con modificazioni, del decreto-legge 31 maggio 2021, n. 77, recante governance del Piano nazionale di ripresa e resilienza e prime misure di rafforzamento delle strutture amministrative e di accelerazione e snellimento delle procedure. (21G00118) (GU Serie Generale n.181 del 30-07-2021 – Suppl. Ordinario n. 26) note: Entrata in vigore del provvedimento: 31/07/2021

Semplificazione delle procedure per il conseguimento o il rinnovo delle patenti nautiche

Art. 43 Disposizioni urgenti in materia di digitalizzazione e servizi informatici del Ministero delle infrastrutture e della mobilità sostenibili

(omissis)

Art. 43 2-quater[180].

Al fine di semplificare i procedimenti per il conseguimento o il rinnovo delle patenti nautiche, le visite mediche per l'accertamento dei requisiti di idoneità fisica e psichica sono svolte:

a) presso le strutture pubbliche di cui all'articolo 36, comma 3, del regolamento di cui al decreto del Ministro delle infrastrutture e dei trasporti 29 luglio 2008, n.146;

b) presso i gabinetti medici dove si accertano i requisiti di idoneità per le patenti di guida, nonché presso le scuole guida, le scuole nautiche, i consorzi per l'attività di scuola nautica e le sedi dei soggetti di cui alla legge 8 agosto 1991, n. 264, che rispettino idonei requisiti igienico-sanitari e siano accessibili e fruibili dalle persone con disabilità, a condizione che le visite siano svolte da medici in possesso del codice identificativo per il rilascio delle patenti di guida, ai sensi del decreto del Ministero delle infrastrutture e dei trasporti 31 gennaio 2011, pubblicato nella Gazzetta Ufficiale n. 38 del 16 febbraio 2011.

---

[180] L'introduzione di questo disposto normativo consente di superare l'attesa del Decreto interministeriale previsto dall'art.59 del Decreto Leggislativo 12 novembre 2020, n.160, in quanto viene modificato sia l'art. 36 del DM 146/2008 per quanto attiene il comma 3 (In ogni caso gli accertamenti sono effettuati presso la struttura pubblica di appartenenza) sia l'art. 59 comma 1 lettera i).

OGGETTO: Adozione dei programmi di esame per il conseguimento delle patenti nautiche di categoria A, B e C e modalità di svolgimento delle prove.

MINISTERO DELLE INFRASTRUTTURE E DELLA MOBILITÀ SOSTENIBILI

DECRETO 10 agosto 2021
(GU n. 232 del 28/09/2021)

Adozione dei programmi di esame per il conseguimento delle patenti nautiche di categoria A, B e C e modalità di svolgimento delle prove.

IL MINISTRO DELLE INFRASTRUTTURE E DELLA MOBILITÀ SOSTENIBILI

Vista la legge 8 luglio 2003, n. 172, recante disposizioni per il riordino e il rilancio della nautica da diporto e del turismo nautico;

Visto il decreto legislativo 18 luglio 2005, n. 171, recante il codice della nautica da diporto ed attuazione della direttiva n. 2003/44/CE, a norma dell'art. 6 della legge 8 luglio 2003, n. 172;

Visto il decreto legislativo 3 novembre 2017, n. 229 recante «Revisione ed integrazione del decreto legislativo 18 luglio 2005, n. 171, recante codice della nautica da diporto ed attuazione della direttiva n. 2003/44/CE, a norma dell'art. 6 della legge 8 luglio 2003, n. 172, in attuazione dell'art. 1 della legge 7 ottobre 2015, n. 167»;

Visto il decreto legislativo 12 novembre 2020, n. 160 recante «Disposizioni integrative e correttive al decreto legislativo 3 novembre 2017, n. 229, concernente revisione ed integrazione del decreto legislativo 18 luglio 2005, n. 171, recante codice della nautica da diporto ed attuazione della direttiva n. 2003/44/CE, a norma dell'art. 6 della legge 8 luglio 2003, n. 172, in attuazione dell'art. 1, comma 5, della legge 7 ottobre 2015, n. 167»;

Visto il decreto del Presidente della Repubblica 9 ottobre 1997, n. 431, nelle parti tuttora vigenti, recante «Regolamento sulla disciplina delle patenti nautiche»;

Visto il decreto del Ministero delle infrastrutture e dei trasporti 29 luglio 2008, n. 146, recante il «Regolamento di attuazione dell'art. 65 del decreto legislativo 18 luglio 2005, n. 171, recante il codice della nautica da diporto»;

Visto, in particolare, l'art. 29, comma 5 del citato decreto n. 146 del 2008 in base al quale «I programmi e le modalità di svolgimento degli esami per il conseguimento delle patenti di categoria A, B e C sono adottati con decreto del Ministro delle infrastrutture e dei trasporti» (ora leggasi Ministero delle infrastrutture e della mobilità sostenibili);

Visto il decreto del Ministero delle infrastrutture e dei trasporti 4 ottobre 2013 recante «Disciplina, ai sensi dell'art. 29, comma 5, del decreto 29 luglio 2008, n. 146, dei programmi e delle modalità di svolgimento degli esami per il conseguimento delle patenti nautiche di categoria A, B e C, di cui agli articoli 25, 26 e 27 del medesimo decreto» pubblicato nella Gazzetta ufficiale della Repubblica italiana - Serie generale n. 271 del 19 novembre 2013;

Visto, in particolare, l'art. 11, comma 1 del decreto 4 ottobre 2013 in base al quale «Il presente decreto entra in vigore dalla data di entrata in vigore del decreto direttoriale di approvazione del database previsto dall'art. 9»;

Dato atto che il decreto direttoriale di cui al citato art. 11, comma 1 non è stato adottato e, per l'effetto, il richiamato decreto 4 ottobre 2013 non è entrato in vigore;

Ritenuto, in considerazione del tempo trascorso e della urgente necessità di dare compiuta regolamentazione alla materia anche alla luce delle esigenze di aggiornamento e della evoluzione del comparto nel frattempo manifestatesi, di procedere con il presente decreto alla revisione ed adeguamento della relativa disciplina e contestuale abrogazione delle parti tuttora vigenti del decreto del Presidente della Repubblica 9 ottobre 1997, n. 431 nonché del decreto 4 ottobre 2013 mai entrato in vigore;

Decreta:

Art. 1.
Finalità

1. Con il presente decreto sono adottati i programmi di esame per il conseguimento delle patenti nautiche di categoria A, B e C di cui agli articoli 25, 26 e 27 del decreto del Ministero delle infrastrutture e dei trasporti 29 luglio 2008, n. 146 e stabilite le relative modalità di svolgimento delle prove.

Art. 2.
Programmi di esame

1. Sono approvati i programmi di esame per il conseguimento delle patenti nautiche indicati negli allegati:
a) allegato A: patenti nautiche di categoria A e C;
b) allegato B: patente nautica di categoria B.

Art. 3.
Disposizioni generali sulle prove di esame

1. L'esame per il conseguimento delle patenti nautiche è pubblico e consiste in una prova scritta e in una prova pratica di manovra, da tenersi in giornate e con commissioni d'esame diverse secondo modalità di organizzazione proprie dell'ufficio competente. È ammesso all'esame il candidato che abbia effettuato almeno cinque ore complessive di manovre, svolgendo il programma di cui all'allegato D, su imbarcazioni o navi da diporto utilizzate per l'insegnamento professionale, attestate da una scuola nautica. L'esame si intende superato all'esito favorevole di entrambe le prove.

2. Entro il periodo di validità della domanda di ammissione, è consentito ripetere una sola volta la prova di esame non superata, senza ulteriori oneri tributari, purché siano decorsi almeno trenta giorni dalla data della prova che ha avuto esito negativo.

3. Il candidato che entro i termini di validità della domanda di ammissione agli esami, ha ottenuto l'idoneità alla prova scritta ma non ha superato la prova pratica, può presentare una nuova domanda entro trenta giorni dalla scadenza della precedente per sostenere la sola prova pratica. Scaduti inutilmente anche i termini di validità della nuova domanda essa è archiviata. Qualora il candidato che non abbia superato la seconda prova presenti una nuova istanza di esame entro e non oltre trenta giorni dalla scadenza della precedente, è tenuto a sostenere la sola prova pratica.

4. Nel luogo, giorno e ora comunicati dall'Ufficio competente per lo svolgimento delle prove di esame, il candidato deve presentarsi munito di documento di riconoscimento in corso di validità anche ai sensi dell'art. 35 del decreto del Presidente della Repubblica 28 dicembre 2000, n. 445. Per le finalità di cui al punto B.3 dell'allegato II del decreto del Ministero delle infrastrutture e dei trasporti n. 146 del 2008, è considerato assente il candidato che non renda disponibile l'imbarcazione o la nave da diporto per lo svolgimento della prova pratica.

5. Per l'ammissione dei candidati allo svolgimento della prova pratica, l'esaminatore unico ovvero il presidente della commissione di esame, prima dell'inizio della prova, acquisisce al verbale di esame:

a) un'apposita dichiarazione rilasciata dal candidato privatista, ai sensi del decreto del Presidente della Repubblica 28 dicembre 2000, n. 445, comprensiva dei relativi allegati, che attesti sotto responsabilità che l'imbarcazione o la nave da diporto impiegata è in regola con le vigenti disposizioni in materia di sicurezza nonché con le disposizioni di cui ai commi 1 e 2 dell'art. 7 del presente decreto. La medesima dichiarazione è rilasciata, in nome e per conto dei propri candidati, dal titolare della scuola nautica o dal legale rappresentante del consorzio o del centro di istruzione per la nautica;

b) copia della polizza di assicurazione per responsabilità civile di cui deve essere munita l'unità navale da diporto e che deve includere anche la copertura assicurativa dei danni a persone o cose derivanti dallo svolgimento di attività d'esame.

Art. 4.
Disposizioni integrative per le prove d'esame per le patenti nautiche di categoria C e per candidati con disturbi specifici dell'apprendimento.

1. I candidati al conseguimento delle patenti nautiche di categoria C, nonché quelli con disturbi specifici dell'apprendimento (DSA), all'atto della presentazione della domanda di ammissione agli esami, possono richiedere l'applicazione di misure personalizzate compensative per lo svolgimento delle prove di esame.

2. Le misure compensative di cui al comma 1 consistono in:

a) concessione di tempi prolungati per lo svolgimento della prova nella misura aggiuntiva massima non superiore al 30% in più rispetto a quelli previsti;

b) concessione di ausili, adattamenti e strumenti compensativi, inclusa la scelta della forma orale di svolgimento delle prove teoriche, necessari in relazione alla tipologia e all'intensità di deficit attestate dal certificato medico di idoneità al conseguimento della patente nautica e alla tipologia della prova di esame;

c) concessione del supporto di assistenti, mediatori o traduttori in rapporto allo specifico deficit attestato dal certificato medico di idoneità al conseguimento della patente nautica e alla tipologia della prova di esame.

3. La concessione, totale o parziale, o il diniego delle misure personalizzate di cui ai commi precedenti è di competenza dell'esaminatore o della commissione di esame che, ai sensi della legge 7 agosto 1990, n. 241, ne dà motivazione nel verbale di esame.

Art. 5.
Verbale di esame

1. Per ciascuna sessione d'esame, il segretario della commissione di esame predispone apposito verbale, datato e numerato progressivamente, recante l'elenco dei candidati, i numeri di protocollo delle relative istanze, la tipologia di patente richiesta e, nel caso di patenti nautiche di categoria C, le eventuali esplicite richieste di cui al punto B.4 dell'allegato II del decreto del Ministero delle infrastrutture e dei trasporti n. 146 del 2008 e successive modificazioni.

2. Ai fini del computo delle assenze, di cui al punto B.3 dell'allegato II del decreto del Ministero delle infrastrutture e dei trasporti n. 146 del 2008, i candidati, che non si presentano all'esame, sono considerati assenti.

3. Il verbale d'esame riporta:

a) l'elenco dei candidati presenti, debitamente identificati, sia per la prova teorica scritta sia per la prova pratica;

b) l'elenco dei candidati risultati assenti;

c) le risultanze dell'esame per ogni singolo candidato;

d) i dati identificativi dell'unità impiegata per la prova pratica, comprensiva dei dati identificativi della proprietà e del soggetto di cui all'art. 7, comma 3, lettera d), ed all'art. 9, comma 3;

e) l'annotazione delle attestazioni di cui all'art. 3, comma 1.

4. Il verbale è sottoscritto dall'esaminatore unico e dall'esperto velista, se previsto, oppure dai membri della commissione d'esame. Gli elaborati scritti e la dichiarazione di cui all'art. 3, comma 5, sono acquisiti al fascicolo del candidato. Il verbale della prova pratica è sottoscritto dall'esaminatore unico e dall'istruttore di vela, se previsto.

Art. 6.
Esami per le patenti nautiche di categoria A e C

1. Per il conseguimento delle patenti nautiche di categoria A e C, il candidato deve superare una prova scritta ed una prova pratica.

2. La prova scritta è articolata in relazione alla tipologia di abilitazione richiesta e prevede, a seconda dei casi, lo svolgimento di test d'esame costituiti da quiz e/o prove di carteggio nautico nei termini di seguito indicati:

Abilitazioni	Test d'esame
navigazione entro le 12 miglia dalla costa, con abilitazione relativa alle sole unità da diporto a motore	1. Quiz su elementi di carteggio nautico 2. Quiz base
navigazione entro le 12 miglia dalla costa, con abilitazione relativa alle unità da diporto a vela, a motore ed a propulsione mista	1. Quiz su elementi di carteggio nautico 2. Quiz base 3. Quiz vela
navigazione senza alcun limite dalla costa, con abilitazione relativa alle sole unità da diporto a motore	1. prova di carteggio nautico 2. Quiz base (solo in assenza di abilitazione entro le 12 miglia)
navigazione senza alcun limite dalla costa, con abilitazione relativa alle unità da diporto a vela, a motore ed a propulsione mista	1. prova di carteggio nautico 2. Quiz base (solo in assenza di abilitazione entro le 12 miglia) 3. Quiz vela

3. Il Quiz base è costituito da venti quesiti a risposta multipla, ciascuno costituito da tre risposte alternative di cui una sola esatta, da individuarsi, secondo lo schema di cui all'allegato C, nell'ambito delle materie di programma indicate nell'allegato A. La prova è superata se il candidato fornisce almeno sedici risposte esatte nel tempo massimo di trenta minuti.

4. Il Quiz su elementi di carteggio nautico è costituito da cinque quesiti a risposta singola, volti a verificare la capacità del candidato di interpretare correttamente una carta nautica o la cartografia elettronica di cui all'allegato A. La prova è superata se il candidato fornisce almeno quattro risposte esatte nel tempo massimo di venti minuti.

5. Il Quiz vela è costituito da cinque quesiti a risposta singola, inerenti le competenze di navigazione a vela da individuarsi nell'ambito delle materie di programma indicate nell'allegato A. La prova è superata se il candidato fornisce almeno quattro risposte esatte nel tempo massimo di quindici minuti.

6. La prova di carteggio nautico è costituita da quattro quesiti indipendenti. La prova è superata se il candidato fornisce almeno tre risposte esatte nel tempo massimo di sessanta minuti. Per lo svolgimento della prova, quale condizione di ammissibilità, il candidato è tenuto a presentarsi all'esame munito delle carte nautiche 5/D e 42/D pubblicate dall'Istituto idrografico della marina, prive di alterazioni o segni di precedenti esercitazioni, che consegna alla commissione d'esame all'atto dell'appello e del materiale necessario a svolgere gli esercizi di carteggio.

7. L'esame si apre con il Quiz su elementi di carteggio nautico o con la prova di carteggio, che sono propedeutiche alla sua prosecuzione.

8. Con riferimento alle tipologie di abilitazioni richieste, i quiz di cui ai precedenti commi 3, 4 e 5 sono sostenuti dal candidato in un'unica soluzione per la durata massima corrispondente alla sommatoria dei tempi di svolgimento ivi previsti.

9. Per tutti i test d'esame, la risposta omessa equivale a risposta errata. La prova scritta è superata qualora il candidato abbia superato tutti i test d'esame previsti per la tipologia di abilitazione richiesta.

10. Entro i termini di validità dell'istanza di ammissione agli esami, il candidato:

a) ha la possibilità di ripetere le sole prove scritte eventualmente non superate;

b) all'esame per il conseguimento della patente nautica senza alcun limite dalla costa può richiedere di proseguire l'esame finalizzandolo al conseguimento della patente nautica entro 12 miglia dalla costa sostenendo, a tale scopo, il quiz su elementi di carteggio ove non abbia in precedenza superato la prova di carteggio. L'opzione espressa dal candidato è annotata nel verbale di esame e, in tal caso, il presidente di commissione assume la funzione di esaminatore unico ai sensi dell'art. 29 del regolamento di attuazione al codice della nautica;

c) ove non abbia superato il solo Quiz vela, in alternativa alla ripetizione della prova scritta, ha possibilità di proseguire l'esame ai fini del conseguimento della patente nautica per la medesima specie di navigazione ma con abilitazione limitata alle sole unità da diporto a motore.

L'opzione espressa dal candidato è annotata nel verbale di esame.

11. La prova di carteggio nautico costituisce esame integrativo teorico ai sensi dell'art. 30, comma 2, del decreto del Ministero delle infrastrutture e dei trasporti n. 146 del 2008. Il Quiz vela e la prova pratica a vela costituiscono esame integrativo ai fini dell'estensione dell'abilitazione ai sensi dall'art. 30, comma 1, del decreto del Ministero delle infrastrutture e dei trasporti n. 146 del 2008.

Art. 7.
Prova pratica per patenti nautiche di categoria A e C

1. La prova pratica per il conseguimento delle patenti nautiche di categoria A e C è svolta su unità di lunghezza minima di 5,90 metri, se con propulsione a motore, ovvero di lunghezza minima di 9 metri, se con propulsione a vela con motore ausiliario. Le unità utilizzate in sede d'esame devono anche essere iscritte nell'ATCN, ovvero nei registri delle imbarcazioni da diporto. È consentito l'utilizzo di unità da diporto di bandiera comunitaria solo se iscritte in un pubblico registro comunitario.

2. L'unità da diporto impiegata in sede di prova pratica deve avere a bordo dotazioni di sicurezza minime non inferiori a quelle previste dalle norme vigenti per la navigazione entro le 6 miglia dalla costa, con aggiunta di bussola e apparato VHF anche portatile e deve essere abilitata almeno per il tipo di navigazione per cui si richiede la patente.

3. Nel corso della prova pratica, nel rispetto del numero massimo di persone trasportabili, devono obbligatoriamente trovarsi a bordo dell'unità:

a) il candidato;

b) l'esaminatore unico ed il segretario ovvero il presidente e il membro della commissione esaminatrice;

c) l'istruttore professionale di vela nel caso di patenti nautiche relative alle unità a vela ed a propulsione mista;

d) un soggetto designato dal candidato in possesso da minimo tre anni della patente nautica almeno corrispondente a quella richiesta dal candidato ovvero l'istruttore dalla scuola nautica, a valere per i propri candidati, che assume il comando dell'unità.

4. La prova pratica ha inizio nel momento in cui colui che ha assunto il comando dell'unità, ai sensi della lettera d) del comma 3 lascia al candidato l'esecuzione delle manovre richieste dall'esaminatore unico o dal

presidente della commissione o dall'istruttore professionale di vela per la prova di vela.

5. La prova termina con la dichiarazione pubblica dell'esito conseguito. È dichiarato non idoneo il candidato che non dimostra di saper eseguire le manovre previste. La prova pratica effettuata su unità a vela include anche il programma di manovra da effettuarsi a motore.

6. Il candidato valutato non idoneo nella prova pratica a vela ha facoltà di optare per il conseguimento della corrispondente patente nautica relativa alle sole unità a motore, effettuando le manovre a motore previste. L'opzione espressa dal candidato è annotata nel verbale di esame.

7. La prova pratica di cui al presente articolo:

a) per la navigazione entro le 12 miglia dalla costa si svolge in mare ovvero in laghi o in specchi acquei navigabili adeguati allo svolgimento in sicurezza delle manovre previste dai programmi di esame e sui quali sia autorizzata la navigazione ai fini dello svolgimento di attività di esame per il conseguimento delle patenti nautiche;

b) per la navigazione senza alcun limite dalla costa, si svolge in mare.

Art. 8.
Prova teorica per patente nautica di categoria B

1. La prova teorica per il conseguimento della patente nautica di categoria B verte sulle materie previste dal programma d'esame di cui all'allegato C ed è costituita:

a) da una prova scritta, basata sugli argomenti inclusi nel secondo gruppo del programma di esame, comprensiva della risoluzione pratica di un problema di cinematica navale anticollisione;

b) da un'interrogazione orale.

2. L'elaborato di cui alla precedente lettera a) è consegnato dal candidato entro il tempo massimo di novanta minuti dall'inizio della prova.

Art. 9.
Prova pratica per patente nautica di categoria B

1. La prova pratica per il conseguimento della patente nautica di categoria B è svolta su una nave da diporto o su una unità da traffico di lunghezza non inferiore a 24 metri ovvero, in caso di indisponibilità, annotata e motivata nel verbale di esame, su un'imbarcazione da diporto o su un'unità da traffico di lunghezza non inferiore a 20 metri.

2. L'unità impiegata in sede di prova pratica deve avere a bordo dotazioni di sicurezza minime non inferiori a quelle previste dalle norme vigenti per la navigazione entro le cinquanta miglia dalla costa.

3. Nel corso della prova pratica devono obbligatoriamente trovarsi a bordo dell'unità:

a) il candidato;

b) la commissione esaminatrice;

c) un soggetto in possesso da almeno tre anni di patente nautica di categoria B, designato dal candidato ovvero dalla scuola nautica, a valere per i propri candidati, che assume il comando dell'unità ovvero, nel solo caso di impiego di unità da traffico, il comandante della medesima unità, in possesso del previsto titolo professionale marittimo, che mantiene il comando dell'unità, nonché il relativo equipaggio, come stabilito dalla tabella minima di armamento approvata.

4. La prova pratica inizia nel momento in cui il soggetto di cui alla lettera c) del comma 3, mantenendo le funzioni di comando dell'unità, lascia al candidato l'esecuzione delle manovre richieste dal presidente della commissione e termina con la dichiarazione pubblica dell'esito della prova.

5. La prova pratica per il conseguimento delle patenti nautiche di categoria B, si svolge in mare.

Art. 10.
Gestione informatizzata delle prove scritte

1. Con decreto direttoriale adottato dal direttore generale per la vigilanza sulle Autorità di sistema portuale, il trasporto marittimo e per vie d'acqua interne entro sessanta giorni dalla data di entrata in vigore del presente decreto, sentite le associazioni di settore maggiormente rappresentative, è approvato l'elenco unico nazionale dei quesiti per lo svolgimento delle prove scritte per il conseguimento delle patenti nautiche. L'elenco è soggetto a revisione periodica con cadenza almeno biennale.

2. Con il decreto di cui al comma 1 sono stabiliti:

a) le modalità di implementazione di un apposito database nazionale dei quesiti per le prove scritte nonché le conseguenti modalità di gestione e aggiornamento evolutivo;

b) le modalità di estrazione delle schede dei quesiti da somministrare ai candidati in sede di esame secondo criteri di casualità che garantiscano l'originalità di ciascuna singola scheda e la verifica della preparazione del candidato su ciascuno dei temi previsti dal programma d'esame per la patente nautica richiesta.

Art. 11.
Disposizioni transitorie e finali

1. Le unità eventualmente non conformi ai requisiti di cui agli articoli 7 e 9, che ai sensi dei regolamenti provinciali, siano nella disponibilità delle scuole nautiche alla data di entrata in vigore del presente decreto, possono continuare ad essere impiegate in sede di prova pratica non oltre i successivi ventiquattro mesi.

2. Con decreto direttoriale adottato dal direttore generale per la vigilanza sulle Autorità di sistema portuale, il trasporto marittimo e per vie d'acqua interne, sentite le associazioni di settore maggiormente rappresentative, sono adottate le modifiche e gli aggiornamenti degli allegati al presente decreto.

3. Dalla data di entrata in vigore del presente decreto, sono abrogati:

a) il decreto del Presidente della Repubblica 9 ottobre 1997, n. 431, nelle parti tuttora vigenti, ai sensi dell'art. 93, comma 1, numero 5) del decreto del Ministero delle infrastrutture e dei trasporti n. 146 del 2008;

b) il decreto del Ministero delle infrastrutture e dei trasporti 4 ottobre 2013 recante «Esami per conseguimento delle patenti nautiche».

4. Il presente decreto entra in vigore quindici giorni dopo la sua pubblicazione nella Gazzetta Ufficiale della Repubblica italiana.

Roma, 10 agosto 2021
Il Ministro: GIOVANNINI

ALLEGATO A al Decreto MIMS del 10/08/2021

PROGRAMMA DI ESAME PER IL CONSEGUIMENTO DELLE PATENTI NAUTICHE DI CATEGORIA A E C

Prova teorica - Quiz base

1. Teoria dello scafo.
1a. Nomenclatura delle parti principali dello scafo.
1b. Effetti evolutivi dell'elica e del timone. Elementi di stabilità dell'unità.
1c. Per la sola navigazione a vela. Teoria della vela. Attrezzatura e manovre delle unità a vela.

2. Motori
Elementi di funzionamento dei sistemi di propulsione a motore. Irregolarità e piccole avarie che possono prevedere un intervento non specialistico. Calcolo dell'autonomia in relazione alla potenza del motore ed alla quantità residua di carburante.

3. Sicurezza della navigazione
3a. Uso degli estintori. Rischi derivanti dalla conduzione dell'unità sotto l'influenza dell'alcol o in stato di alterazione psico-fisica per uso di sostanze stupefacenti o psicotrope.
3b. Norme di sicurezza, con particolare riferimento alle dotazioni di sicurezza e ai mezzi di salvataggio in relazione alla navigazione effettivamente svolta e alla navigazione in solitario. Prevenzione degli

incendi. Tipi di visite e loro periodicità. Provvedimenti da adottare in caso di sinistro marittimo (incendio, collisione, falla, incaglio, uomo in mare). Provvedimenti da adottare per la salvezza delle persone a bordo in caso di sinistro e di abbandono dell'unità. Precauzioni da adottare in caso di navigazione con tempo cattivo. Assistenza e soccorso: segnali di salvataggio e loro significato. Corretto uso degli apparati radio di bordo, con particolare riguardo all'assistenza e al soccorso. Comunicazioni radiotelefoniche e relative procedure, con particolare riguardo all'assistenza e al soccorso.

4. Manovre e condotta

4a. Precauzioni all'ingresso e all'uscita dei porti, per la navigazione in prossimità della costa o di specchi acquei dove si svolgono altre attività nautiche (nuoto, sci nautico, pesca subacquea, ecc.). Velocità consentite.

4b. Ormeggio, disormeggio, ancoraggio.

4c. Manovre.

5. Colreg e segnalamento marittimo

Efficacia del regolamento per evitare gli abbordi in mare, principali fanali luminosi e segnale diurno di nave alla fonda, segnalamenti marittimi e norme di circolazione nelle acque interne. Elenco dei fari e segnali da nebbia.

Sono considerati principali fanali luminosi i seguenti:

a) nave a propulsione meccanica di lunghezza inferiore a 7 metri;

b) nave a propulsione meccanica di lunghezza inferiore a 12 metri;

c) nave a propulsione meccanica di lunghezza inferiore a 50 metri;

d) nave a propulsione meccanica di lunghezza superiore a 50 metri;

e) nave a vela di lunghezza inferiore a 20 metri;

f) nave a vela di lunghezza superiore a 20 metri;

g) nave all'ancora;

h) nave che pesca a strascico di lunghezza inferiore a 50 metri;

i) nave che pesca a strascico di lunghezza superiore a 50 metri;

j) nave che pesca non a strascico.

6. Meteorologia

Elementi di meteorologia. Strumenti meteorologici e loro impiego. Bollettini meteorologici per la navigazione marittima. Previsioni meteorologiche locali.

7. Navigazione cartografica ed elettronica

Coordinate geografiche. Carte nautiche. Proiezione di mercatore. Orientamento e rosa dei venti. Bussole magnetiche. Elementi di navigazione stimata: tempo, spazio e velocità. Elementi di navigazione costiera. Posizionamento del punto nave, anche tramite uso di strumenti elettronici. Prora e rotta; effetto del vento e della corrente sul moto

dell'unità (concetto di deriva e scarroccio). Pubblicazioni nautiche:
Portolano.

8. Normativa diportistica e ambientale
8a.
a) poteri, doveri e responsabilità del comandante;
b) documenti da tenere a bordo delle unità da diporto;
c) elementi sulla disciplina delle attività balneari, dello sci nautico, della pesca sportiva e subacquea;
d) elementi normativi sulla protezione dell'ambiente marino e sulle aree marine protette.
8b. Leggi e regolamenti che disciplinano la navigazione da diporto: codice della navigazione, codice della nautica da diporto, regolamento di attuazione del codice della nautica da diporto e altre fonti normative applicabili alla nautica da diporto, con particolare riferimento a:
a) attribuzioni dell'Autorità marittima e della navigazione interna;
b) ordinanze delle Autorità marittime locali;
c) disciplina dell'uso commerciale delle unità da diporto.

Prova pratica

Durante la prova pratica il candidato deve dimostrare di saper condurre l'unità a diverse andature, mantenute su tratti di navigazione di almeno un 1/4 di miglio, effettuando con capacità e prontezza di azione le manovre necessarie, tra cui quelle finalizzate al recupero di uomo in mare, all'ormeggio e al disormeggio dell'unità, utilizzando correttamente i dispositivi presenti a bordo e dimostrando competenza nel corretto uso delle dotazioni di sicurezza. Il candidato dimostra di saper mettere in atto i preparativi necessari a fronteggiare il cattivo tempo e di saper adottare misure preventive per la salvaguardia della vita umana in mare.

ALLEGATO B al Decreto MIMS del 10/08/2021

PROGRAMMA D'ESAME PER IL CONSEGUIMENTO DELLA PATENTE NAUTICA DI CATEGORIA B

Prova teorica

1° Gruppo
1. Principio di Archimede applicato alla nave: galleggiamento, centro di carena, centro di gravità, riserva di spinta, altezza metacentrica. Stabilità e

compartimentazione. Nomenclatura generale delle navi a propulsione meccanica ed a vela, e dei loro organi principali. Nozioni sull'attrezzatura e manovra delle navi. Elica, timone e loro effetti. Navigazione con tempo cattivo. Manovre corrette per l'ormeggio, il disormeggio, l'ancoraggio e per il recupero di uomo in mare. 2. Apparati di propulsione della nave. Principi di funzionamento degli impianti di propulsione navale. Macchinari ausiliari delle navi da diporto.

2° Gruppo

1. I corpi celesti, le costellazioni, la stella polare, i pianeti. Sistema solare, fasi lunari, maree. La Terra: configurazione e movimenti.

2. Magnetismo, poli magnetici e geografici, magnetismo terrestre, declinazione magnetica, bussola marina, descrizione dei tipi di bussola di uso comune, apparecchi di rilevamento. Magnetismo di bordo. Compensazione delle bussole e tabella delle deviazioni residue.

3. Coordinate geografiche, equatore, meridiani e paralleli. Differenza di latitudine e di longitudine. Rosa dei venti. Prore e rotte. Navigazione stimata e costiera. Correzione e conversione prore e rilevamenti. Strumenti per la misurazione della velocità della nave.

4. Carte nautiche: proiezione di Mercatore e altri tipi di proiezione. Impiego delle carte nautiche per la risoluzione dei problemi della navigazione costiera. Pubblicazioni nautiche: portolani, elenco dei fari e segnali da nebbia, radioservizi per la navigazione costiera.

5. Navigazione lossodromica e ortodromica. Sistemi di radionavigazione in uso. Conoscenza dei principi di funzionamento e uso del radar. Determinazione del punto nave in navigazione costiera con l'ausilio delle apparecchiature elettroniche. Navigazione in prossimità della costa e in acque ristrette. Scandaglio e vari tipi di scandagli. Cinematica navale.

3° Gruppo

1. Elementi di meteorologia. Circolazione generale dell'atmosfera. Elementi che caratterizzano il tempo: pressione, temperatura, umidità. Strumenti meteorologici. Formazione delle nubi e loro caratteristiche, i fronti, il vento, il mare, le correnti e le maree. Le scale di Beaufort e di Douglas. Pubblicazioni nautiche delle maree e delle correnti.

2. Analisi e interpretazione delle carte meteorologiche. Previsioni meteo locali.

4° Gruppo

1. Regolamento per evitare gli abbordi in mare. Norme di circolazione sulle acque interne. Precauzioni da adottare negli specchi acquei ove si svolgano altre attività nautiche: nuoto, pesca subacquea, sci nautico, ecc.

2. Leggi e regolamenti che disciplinano la navigazione da diporto: codice della navigazione, codice della nautica da diporto, regolamento di

attuazione del codice della nautica da diporto e altre fonti normative applicabili alla nautica da diporto, con particolare riferimento a:

a) poteri, doveri e responsabilità del comandante prima della partenza della nave, durante la navigazione e all'arrivo in porto;

b) attribuzioni dell'Autorità marittima, della navigazione interna e consolare;

c) ordinanze delle Autorità marittime locali;

d) documenti da tenere a bordo delle navi da diporto;

e) disciplina dell'uso commerciale delle unità da diporto;

f) disciplina delle attività balneari, dello sci nautico, della pesca sportiva e subacquea;

g) equipaggio della nave: arruolamento, disciplina, previdenza e assistenza della gente di mare.

3. Norme sulla sicurezza delle unità da diporto, con particolare riferimento a:

a) certificazioni di sicurezza, visite e loro periodicità;

b) mezzi di salvataggio e dotazioni di sicurezza in relazione alla distanza dalla costa;

c) cassetta medicinali di pronto soccorso;

d) prevenzione degli incendi e impianti antincendio;

e) provvedimenti da adottare in caso di sinistri marittimi: incendio, falla, collisione, incaglio;

f) avaria ai mezzi di governo, fuoriuscita di liquidi inquinanti, uomo in mare;

g) assistenza e salvataggio: obblighi e responsabilità. Segnali di soccorso e di salvataggio.

4. Apparati radioelettrici di bordo delle navi da diporto. Comunicazioni e relative procedure. Codice internazionale dei segnali.

5. Norme di protezione dell'ambiente marino e sulle aree marine protette.

Prova pratica

Durante la prova pratica il candidato deve dimostrare di saper condurre la nave a diverse andature, mantenute su tratti di navigazione di almeno 1/2 miglio, effettuando con capacità e prontezza d'azione le manovre necessarie, tra cui quelle finalizzate al recupero di uomo in mare, all'ormeggio e al disormeggio dell'unità, utilizzando correttamente i dispositivi presenti a bordo e dimostrando competenza nel corretto uso delle dotazioni di sicurezza dei mezzi di salvataggio e antincendio. Il candidato deve dimostrare di saper mettere in atto i preparativi necessari a fronteggiare il cattivo tempo e di saper adottare misure preventive per la salvaguardia della vita umana in mare.

ALLEGATO C al Decreto MIMS del 10/08/2021

PROVA SCRITTA QUIZ BASE

Distribuzione dei quesiti secondo i temi previsti dal programma di esame

Temi	Numero quesiti
Teoria dello scafo	1
Motore	1
Sicurezza	2
Manovre e condotta	4
Colreg e segnalamento marittimo	2
Meteorologia	2
Navigazione cartografica ed elettronica	4
Normativa diportistica e ambientale	3
Totale	20

ALLEGATO D al Decreto MIMS del 10/08/2021

1. nodi: gassa d'amante, nodo parlato, nodo di bitta, nodo di bozza.
2. effetti del timone e dell'elica in marcia avanti e in marcia indietro, uso dell'acceleratore e dell'invertitore.
3. uso della bussola e in generale della strumentazione di bordo.
4. manovre di ormeggio e disormeggio, e simulazione di ancoraggio a motore.
5. manovra di recupero di uomo in mare.

SOMMARIO

www.ingramcontent.com/pod-product-compliance
Lightning Source LLC
LaVergne TN
LVHW030011180726
843489LV00011B/3258